AF174892

«AÑASCO EL DE TALAVERA»

UNA VERSIÓN DESCONOCIDA DE LA JÁCARA IX DE QUEVEDO Y OTROS TEXTOS PARA UNA ACADEMIA OCASIONAL DE 1624

«AÑASCO EL DE TALAVERA»

UNA VERSIÓN DESCONOCIDA DE LA JÁCARA IX DE QUEVEDO Y OTROS TEXTOS PARA UNA ACADEMIA OCASIONAL DE 1624

Miguel Carabias Orgaz

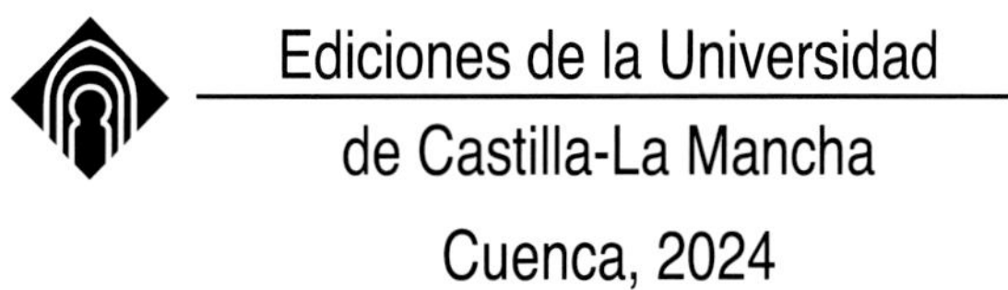

CARABIAS ORGAZ, MIGUEL

Añasco el de Talavera : una versión desconocida de la Jácara IX de Quevedo y otros textos para una academia ocasional de 1624 / Miguel Carabias Orgaz.– Cuenca : Ediciones de la Universidad de Castilla-La Mancha, 2024

104 p. (ed. facsímil, págs. 88-103) ; 24 cm.– (Estudios ; 180)

ISBN 978-84-9044-654-6 (edición impresa) ; ISBN 978-84-9044-655-3 (edición electrónica) ; ISSN 2255-2618 (colección Estudios)

1. Literatura – España – S.XVII I. Quevedo, Francisco de (1580-1645) II. Hurtado de Mendoza, Antonio (1586-1644) III. Universidad de Castilla-La Mancha, ed. IV. Título V. Serie

860-19"16"

DDL (Thema)

Edita: Ediciones de la Universidad de Castilla-La Mancha.

Colección ESTUDIOS n.º 180.

Diseño de la colección:
C.I.D.I. (Universidad de Castilla-La Mancha).

Esta editorial es miembro de la UNE, lo que garantiza la difusión y comercialización de sus publicaciones a nivel nacional e internacional.

ISSN: 2255-2618
I.S.B.N.: 978-84-9044-654-6 (Edición impresa)
Depósito Legal: CU 51-2024
I.S.B.N.: 978-84-9044-655-3 (Edición electrónica)
ISNI: 0000000506819532

Composición: Compobell, S.L.
Impresión: Gráficas Izquierdo
Hecho en España (U.E.) – *Made in Spain (E.U.)*

A mi hijo Enrique

ÍNDICE

PREFACIO

Si todo hallazgo documental relacionado con nuestra literatura del Siglo de Oro despierta gran interés, lo hará en mayor medida si se refiere a autores de primer orden como Francisco de Quevedo y Antonio Hurtado de Mendoza. En estas páginas, doy a conocer parte de un pequeño cartapacio manuscrito que contiene diversos textos de ambos escritores: un conjunto de composiciones cronológicamente muy próximas y parece que estrechamente relacionadas en torno a una suerte de academia ocasional celebrada en 1624. Entre ellas, destaca una versión desconocida de la jácara IX de Quevedo, «Añasco el de Talavera», que fue de las más difundidas e imitadas en su tiempo.

Este nuevo testimonio del «Añasco» tiene un interés literario incontestable. En primer lugar, por ser bastante temprano, muy probablemente del primer tercio del siglo XVII y, por tanto, anterior a la muerte de su autor, lo cual le confiere un valor excepcional desde el punto de vista de la transmisión textual de la obra poética quevediana, tan parca en manuscritos anteriores al siglo XVIII. Por otro lado, contiene importantes variantes, incluyendo algunas *lectiones singulares*, que lo alejan de otros testimonios y hacen necesario revisar la edición del poema: de un análisis detenido, se infiere que ha transmitido la versión más completa y coherente de cuantas hoy conocemos. Finalmente, el hecho de que «Añasco el de Talavera» se copiara en un cartapacio, junto a determinadas composiciones de Hurtado de Mendoza, permite poner el poema de Quevedo en un contexto literario concreto, lo cual contribuirá a profundizar, sobre todo, en las circunstancias en que fue concebido y también en su datación.

Ofrezco, pues, un estudio del manuscrito, de los textos y de las circunstancias que los enmarcan, así como una reproducción facsimilar; todo ello encaminado a concretarse en la edición de esta nueva versión de la jácara IX, que se presenta convenientemente anotada.

EL MANUSCRITO EN SU CONTEXTO

DESCRIPCIÓN

El manuscrito que ha motivado estas páginas es parte de un pequeño cartapacio formado por dos cuadernillos, un singulión y un cuaternión[1]. No cabe duda, sin embargo, de que perdió algunas hojas: es probable que tuviera originalmente 16 h. —dos cuaterniones—, pero hoy se conserva un total de 10 h. —dos de ellas, en blanco—. Sus dimensiones son 160 x 215 mm. Carece de cubiertas.

La filigrana del papel queda ubicada en el pliegue, por lo que no se aprecia con claridad, aunque puede identificarse el motivo de cruz latina dentro de un óvalo (*fig. 1*), que en documentos españoles fue especialmente abundante hacia el primer tercio del siglo XVII —Valls lo encontraba en documentación española desde el siglo XVI, si bien los ejemplos son particularmente numerosos entre 1602 y 1630[2]—. Concretamente, se asemeja a Briquet 5704 y es muy similar a las filigranas 0012731A y 0015689A del corpus Filigranas Hispánicas del Ministerio de Cultura, que datan respectivamente de 1610 y 1637. Las dimensiones del dibujo son 39 x 25 mm.

Nuestro manuscrito carece de foliación, signaturas y reclamos. La escritura es de una sola mano, con algunas tachaduras y correcciones puntuales. La caligrafía, humanística, es del siglo XVII; concretamente, de la primera mitad de la centuria. Como enseguida veremos, pudo haberse copiado en fechas más o menos próximas a la composición de los textos que contiene.

---

1 Se localiza actualmente en una biblioteca particular, en Salamanca, bajo la signatura M037.

2 Compárese con los números 2, 6, 13-19 (Valls, 1982).

Ciertos rasgos lingüísticos del español meridional parecen delatar a un copista del ámbito dialectal andaluz. El empleo de las grafías de antiguas sibilantes refleja indistinción entre /s/ y /θ/: *mortesino*, *biscos*, *serrada*, *çarpullido*, *paracismos*, etc. A un origen sevillano podría apuntar el epígrafe de una de las composiciones, soneto que se dice fue presentado poco antes de que llegara el rey «a esta ciudad», en alusión a Sevilla.

En cuanto a los contenidos, debido a la pérdida de hojas, se han visto obviamente reducidos con respecto a los que pudo tener en origen. Nos falta el comienzo del primer texto, aunque también podrían haberse perdido otras composiciones tal vez copiadas en las primeras hojas del cartapacio. He aquí la relación de los textos conservados:

- Vejamen de unos grados que se iba a dar en Sevilla en marzo de 1624, ante el rey Felipe IV, compuesto por Antonio Hurtado de Mendoza. Falta el comienzo, incluyendo el título y varios párrafos. Íncipit: «y saliendo deste pardo bosque me subo al monte de guadarrama | de la de su s^{r} el duq del Infantado...» (h. 2r-8r).
- Soneto, de Hurtado de Mendoza. «Pro coronide aqui se pone el soneto siguiente com|puesto y presentado a su Mag^{d} por el autor deste Vexamen | poco antes que llegase Su Mag^{d} a esta ciudad q fue en | Março de 1624 as^{o}» (h. 8v).
- «Romance a la Manfla | de Don fran^{co} de quebedo» (h. 9r-9v). Es la jácara IX en la edición del *Parnaso* (Quevedo, 1648: 359-360) y el texto 857 de la edición de Blecua (1971: 318).

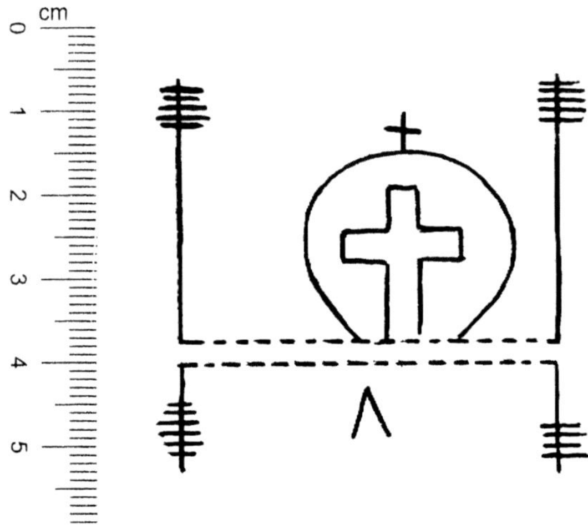

Fig. 1: filigrana del papel en el manuscrito M037.

CIERRE DE LAS MANCEBÍAS Y VIAJE REAL

Convendrá empezar esbozando el contexto en que se enmarcan, tanto los contenidos literarios de nuestro cartapacio como el propio manuscrito, lo cual nos ha de llevar a los primeros años del reinado de Felipe IV, es decir, al lustro inicial de la década de 1620. Recordemos que el joven rey, poco después de subir al trono y bajo la creciente influencia de Olivares, se proponía acometer importantes reformas en la esfera política y en los usos y costumbres de sus reinos. Se creaba entonces una Junta Grande de Reformación[3] con el propósito de impulsar los cambios deseados por el monarca, a instancias de su valido, y atajar así los excesos y la corrupción del reinado anterior. Todo ello cristalizaría en una serie de disposiciones antisuntuarias, como la regulación del lujo en vestidos y ajuares o la reducción del número de criados, junto a otras cuya finalidad era corregir ciertos hábitos sociales. En definitiva, aquel afán reformista entrañaba un sentido moral que quedó estrechamente unido a la acción política y que, consecuentemente, dio un nuevo aliento a moralistas como fray Gabriel de Maqueda, autor de una *Invectiva en forma de discurso contra el uso de las casas públicas de las mujeres rameras* (1622). De hecho, entre las principales medidas adoptadas entonces por la Corona, encontramos la premática del 4 de febrero de 1623 por la que se ordenaba que «en ninguna ciudad, villa ni lugar de estos reinos se pueda permitir ni permita mancebía ni casa pública»[4]. Esta prohibición y cierre de los burdeles respondía sobre todo a ciertas insistentes exigencias que, desde años atrás, provenían del ámbito eclesiástico, especialmente de la Compañía de Jesús, que trató de impedir el acceso de los clientes a las mancebías y fomentó la creación de «casas de arrepentidas» en diversas ciudades andaluzas.

Al mismo tiempo, paradójicamente, el joven rey gustaba de divertirse, disfrutaba con las fiestas y los espectáculos públicos —conocida es su afición al teatro— y protagonizaba numerosas relaciones extraconyugales. A ello vinieron a sumarse hechos circunstanciales como la visita del heredero al trono inglés, príncipe de Gales, que llegó a Madrid en marzo de 1623, lo cual probablemente sirvió de pretexto para una cierta relajación de algunas medidas relativas a la austeridad y moderación de costumbres (Fernández Martín, 1971: 246). Ante esa doble moral en la corte, no habrá de extrañar que, por ejemplo, Quevedo defendiera las leyes antisuntuarias mientras vivía amancebado o parodiaba textos legales en premáticas burlescas.

En otro orden de cosas, quiero llamar la atención sobre el viaje que Felipe IV emprendió a Andalucía, el 8 de febrero de 1624, aparentemente con el objeto de

3 Sobre la Junta Grande de Reformación, véanse principalmente González Palencia (1932) y Baltar (1998: 175-187).

4 Véase al respecto el estudio de Profeti (1994).

supervisar la defensa de sus costas[5]. Entre quienes acompañaron al rey en aquella jornada, por un lado, hubo gran número de nobles y poderosos cercanos a la persona real: el infante don Carlos, el conde de Olivares, el duque del Infantado, el cardenal Zapata, el Nuncio, así como numerosos ayudas de cámara, secretarios y diversos oficios de la Casa Real. Por otro lado, engrosaron el séquito algunos de los mayores ingenios del momento, intelectuales y escritores de la talla de Francisco de Quevedo, Antonio Hurtado de Mendoza, Hortensio Paravicino, Francisco de Rioja, Gaspar Bonifaz o Morovelli de Puebla. Casi todos ellos desempeñaban cargos en la corte, como Hurtado de Mendoza, quien, además de ser el poeta cortesano más afamado, servía como secretario real.

En el caso de Quevedo, sin embargo, no está tan claro en calidad de qué participó en aquel viaje, pues ni siquiera se le cita en las diversas relaciones que entonces se escribieron sobre la jornada. No parece que fuera tras alguno de los cargos que acompañaban a Felipe IV, así que puede interpretarse, plausiblemente, como indicio de su acercamiento a Olivares, quien habría permitido o incluso solicitado su presencia en la comitiva (Jauralde, 1998: 466-476). Así como los señores ofrecían su protección a los poetas, indispensable para muchos de ellos, también los poetas eran necesarios a los grandes señores, quienes deseaban poner la literatura a su servicio por razones de prestigio, de imagen y, especialmente, como una forma de asegurarse los mejores panegiristas. De este modo, no solo el rey, sino también Olivares ejercería el mecenazgo. El valido, que ya desde sus inicios había frecuentado las academias sevillanas e incluso había promovido una en los Reales Alcázares, cultivó la amistad con poetas como Francisco de Rioja o Juan de Jáuregui[6]. Por su parte, Quevedo disfrutaba del favor del valido desde 1623, cuando se le permitió regresar de su destierro en la Torre de Juan Abad[7], y es lógico que deseara congraciarse con la corte. Parecía conveniente ganar allí influencia, mientras el poder político se estaba redistribuyendo en torno al nuevo favorito, y aquel viaje le daba la posibilidad de entrar en contacto con un círculo de aristócratas y hombres influ-

5 Parece que las verdaderas motivaciones del viaje se relacionan fundamentalmente con el deseo de lograr el apoyo de las ciudades andaluzas a las nuevas medidas fiscales y los planes reformistas impulsados por la Corona a través del valido Olivares (Sánchez-Montes, 2018). Entre las diversas relaciones que se escribieron para dar cuenta de la jornada real, puede consultarse, especialmente, la que hizo Jacinto Herrera y Sotomayor, *Jornada que Su Majestad hizo a Andalucía*, Madrid, Imprenta Real, 1624. Véanse también Deleito y Piñuela (1935: 276-294), Astrana Marín (1945: 346-352) y López Ruiz (1984: 94-97).

6 Para más detalles acerca de las inquietudes eruditas y literarias de Olivares, véase el trabajo de Noble Wood / Roe / Lawrance (2011).

7 Había sido llamado a la Corte por consejo de Hernando de Salazar, el confesor de Olivares, tal vez con el objeto de que engrosara la nómina de panegiristas al servicio del valido, junto al conde de la Roca y Hurtado de Mendoza (Sánchez-Montes, 2018: 111).

yentes cuyas simpatías necesitaba fomentar, sobre todo tras la caída de su antiguo protector el duque de Osuna.

Es muy relevante, para el propósito de nuestro trabajo, que entre los acompañantes del rey en aquel viaje a Andalucía estuvieran tanto Antonio Hurtado de Mendoza como Francisco de Quevedo, unidos ambos no solo en empresas literarias, sino también por una sólida amistad de la que es testimonio un elocuente intercambio epistolar[8]. Años antes, los dos habían contribuido con sus laudatorias composiciones al *Elogio del juramento* de Vélez de Guevara y coincidieron en algunas de las academias madrileñas del primer tercio del XVII, como la de Medrano. Compartieron gustos literarios, frecuentaron los mismos círculos e incluso coincidieron en el blanco de algunas de sus sátiras. La amistad se intensificó seguramente durante la década de 1620 y debió de mantenerse hasta la muerte de Hurtado de Mendoza, en 1644 (Davies, 1971: 50-53). Sabemos de varios viajes comunes y se conocen algunos proyectos literarios compartidos, como una composición teatral representada en 1625, con ocasión del cumpleaños de la reina[9], y otra, bajo el título *Quien más miente más medra*, del año 1631. Además, es muy probable que ambos colaborasen en la redacción y divulgación de ciertos escritos de carácter político. Parece indudable la influencia que ejerció Quevedo en la producción literaria de Hurtado de Mendoza, quien trató de seguir sus pasos, especialmente en algunos entremeses, e imitó también su estilo en composiciones como cierto romance que es continuación de la jácara de Escarramán (Asensio, 1971: 117-121).

UNA ACADEMIA OCASIONAL DURANTE LA JORNADA REAL

Durante el viaje de Felipe IV a Andalucía, como fue habitual en tales ocasiones, se organizaron festejos y diversos entretenimientos para amenizar la jornada, distraer ratos ociosos y relajar las graves ocupaciones políticas. Por supuesto, a algunas de estas manifestaciones se les dio también un carácter público, pues contribuían a afianzar la adhesión de los súbditos. No se escatimó, por lo tanto, a la hora de ofrecer al rey sus pasatiempos preferidos: música y bailes, toros y cañas, fuegos artificiales, mascaradas, banquetes, cacerías, comedias, falúas en el río[10]. Y a todas estas diversiones hubo de sumarse, no cabe duda, el recitado, lectura o

8 Pueden consultarse, al respecto, los trabajos de García de Enterría (1988) y Madroñal (2004), así como la introducción de Crespo López (2012) a la edición de *Cada loco con su tema*.

9 Esta obra está hoy perdida. Sabemos, no obstante, que junto con Hurtado de Mendoza y Quevedo hubo un tercer autor llamado Mateo Montero, quien, por cierto, también formó parte del séquito real durante el viaje a Andalucía de 1624 (Barrera, 1860: 270-271).

10 Aún sigue siendo de utilidad, para una aproximación general, el trabajo de Deleito y Piñuela (1935: 278-294). Muchos más datos ofrece, en este sentido, el reciente estudio de Sánchez-Montes (2018).

improvisación de textos de diverso tipo, pues eran también muy del gusto del Rey Planeta. En este contexto, precisamente, ha de enmarcarse el conjunto de composiciones que se ha conservado parcialmente en nuestro cartapacio.

El primero de los textos es un vejamen compuesto por Antonio Hurtado de Mendoza para unos grados, en el cual se alude a lo sucedido durante el viaje real a Andalucía. Iba a darse públicamente en el Colegio de Santa María de Jesús de Sevilla[11], en marzo de 1624, y debía asistir el rey, coincidiendo con su visita a la ciudad[12], aunque finalmente no tuvo lugar[13]. Hasta ahora se conocían tres copias manuscritas del vejamen, que ha sido editado modernamente a partir de una de ellas[14]. Se viene a sumar, pues, un cuarto testimonio con sus propias variantes que contribuirá a la fijación del texto.

Interesa especialmente que el contenido de este vejamen, para empezar, pueda ponerse en conexión con una conocida carta de Quevedo al marqués de Velada, texto de tono desenfadado que también da cuenta de los pormenores del viaje a Andalucía (Madroñal, 2004). De igual manera, seguramente esté relacionado con otras composiciones que, en el marco de la visita real, salieron de la pluma de algunos ingenios que acompañaban a Felipe IV. Por ejemplo, un soneto «A la jornada del rey a Andalucía, lloviendo mucho», que se ha atribuido a Hortensio Paravicino[15], o ciertas composiciones de Francisco de León y Arce —que también formó parte de la comitiva— escritas durante el viaje y publicadas muy poco después, como *La perla en el nuevo mapamundi hispánico, al mediodía de Sevilla y costas. Jornada real de Su Majestad...* —en particular, llamaré la atención sobre ciertos poemas burlescos, algunos de aire entremesil, donde la crónica del viaje se convierte en pretexto para desarrollar episodios jocosos y apicarados (Plata, 2016: 170)—.

11 No perdamos de vista el hecho de que el conde de Olivares era entonces el principal protector de la universidad sevillana.

12 Se pretendía «un grado de grande obstentación»: «El adereço del claustro toma a su cargo el tesorero de la Santa Iglesia, y los estudiantes una máscara, que tendrá no poco que ver ni menos que admirar, y últimamente dará la universidad una costosa merienda de regalados dulces», según consta en el manuscrito de la Real Academia de la Historia 9/3685 (Sánchez-Montes, 2018: 334).

13 Las causas probablemente haya que buscarlas en ciertas tensiones entre la Corona y la ciudad de Sevilla, que se resistía a conceder las aportaciones económicas solicitadas por Felipe IV. El rey habría evitado el acto, en que se celebraba la graduación de un pariente de Sebastián Casaus, porque este caballero era uno de los partidarios de la causa real y esto habría podido motivar suspicacias (Madroñal, 2004: 246). No obstante, parece que no fue un hecho aislado, pues también se suspendió, por ejemplo, el vejamen que debía darse en Salamanca el año 1600 ante Felipe III.

14 Madroñal (2005: 255-291) hizo su edición a partir del mss. 6877 de la Biblioteca Rodríguez Moñino, copiado hacia 1660, si bien el mss. 7274 contiene pasajes que no están en el primero.

15 Este soneto se ha venido atribuyendo también a Luis de Góngora, aunque parece tener más fundamento que lo escribiera Paravicino, sobre todo considerando que él estuvo presente durante la jornada de Andalucía y Góngora no.

Tal como defendió Madroñal (2004: 241-242), tanto el vejamen como los demás escritos que se relacionan con él formarían, de alguna manera, un conjunto en torno al mismo tema —el viaje real—, comparable a las composiciones con pie forzado de una academia literaria de aquel tiempo. La presencia de un buen número de poetas y hombres de letras, escogidos entre los más celebrados —algunos, como Rioja, Hurtado de Mendoza o Quevedo, eran habituales en ese tipo de academias— y unidos a un selecto grupo de grandes señores, vendría a reproducir el esquema de una academia ocasional. El hecho de que algunos de ellos fueran objeto de sátira en el vejamen de Hurtado apunta en ese mismo sentido. En definitiva, por su tono y contenido, este vejamen no se aleja mucho de otros textos del mismo género elaborados para diversas academias durante el reinado de Felipe IV. El propio rey, que admiraba y disfrutaba de las improvisaciones, seguramente celebró la presencia de autores como Quevedo, Hurtado de Mendoza o León y Arce por su fama de repentistas. También es significativo que durante el viaje, mientras la comitiva estaba en Doñana, se ofreciera al monarca una loa improvisada de repente por Atilano de Prada, «de versos tan concertados [que] hubo quien juzgase era prevenida»[16]. En resumen, aquella jornada, amenizada con fiestas y otras diversiones cortesanas, parece que sirvió de acicate al desarrollo de una academia ocasional (Madroñal, 2004: 259-260).

Hay sólidos indicios de que, al menos en el siglo XVII, con cierta frecuencia los monarcas españoles presenciaron ceremonias universitarias que incluían un vejamen. Sabemos que Felipe III asistió a varios gallos y vejámenes de grado: estuvo presente en los que se dieron en la Universidad de Zaragoza en septiembre de 1599 (Layna, 1996: 29); se prepararon para él otros en la de Salamanca, año 1600, de los que da cuenta Gaspar Lucas Hidalgo en sus *Diálogos de apacible entretenimiento*, aunque finalmente no pudieron darse, quizá por falta de tiempo (Layna, 1991: 157); visitó, con el mismo fin, la Universidad de Alcalá en 1602 y de nuevo en 1611, cuando se dio un vejamen con el objeto de hacer reír al rey (Madroñal, 2005: 50). Conviene destacar el caso de este vejamen de 1611, pues en él la sátira del graduado quedó en un segundo plano para dar protagonismo a los cortesanos que acompañaban a Felipe III, a quienes se mencionó en tono de burla (Madroñal, 2005: 183-185). Igualmente, Juan de Arguijo relata en sus *Cuentos* cómo cierto doctor, dando un vejamen en Alcalá de Henares, aludió al rey y a los cortesanos, que estaban presentes, y después se dirigió al príncipe, que también asistía (Layna, 1991: 160). Y Lucas Hidalgo, en sus *Diálogos*, describe el desarrollo de un gallo que se da en presencia de los reyes: «...así va el galleante hablando con los reyes en todo el discurso de los gallos».

16 Véanse, al respecto, Deleito y Piñuela (1935: 289) y Sánchez-Montes (2018: 286).

Como los ejemplos mencionados, el texto de Hurtado de Mendoza tampoco se ajusta por completo al esquema habitual de un vejamen de grado, pues en él se hace mofa de los cortesanos que acompañaban al rey y la burla también alcanza a algunos poetas allí presentes, como Morovelli o Rioja. Son evidentes, en cambio, las muchas coincidencias con los vejámenes académicos de la primera mitad del siglo XVII[17]. Para empezar, las academias literarias de ese periodo se desarrollaban normalmente bajo la protección de un noble o incluso la del propio rey. Puede considerarse paradigmático el caso de Felipe IV, pues es bien conocida su inclinación a las artes y a las letras, habiendo actuado frecuentemente como mecenas de intelectuales y artistas. El rey poeta mostró cierto interés por las academias literarias de su tiempo, llegando a asistir a alguno de los certámenes organizados por la madrileña Academia de Medrano (King, 1963: 54), de la que formaban parte algunos poetas cercanos a él, como Vélez de Guevara, José de Villaizán o José Pellicer de Tovar. De hecho, al amparo de Felipe IV se celebraron otras academias: sabemos al menos de una que se desarrolló en el Real Alcázar de Madrid, en 1636, y otras dos que tuvieron lugar en el palacio del Buen Retiro, sucesivamente en 1637 y 1638 (Cañas, 2012: 14). De la primera, una academia de improvisación, apenas se conservan datos, aunque Deleito y Piñuela (1935: 145-146) suponía que debió de reunir a los más preclaros ingenios, que improvisaron composiciones sobre todo de carácter burlesco; es probable que participaran en ella muchos poetas cercanos al monarca, incluidos Hurtado de Mendoza y Quevedo. Mejor conocida es la Academia del Buen Retiro de 1637 (Julio, 2007)[18], a partir de la cual podemos deducir la estructura y desarrollo que tenía un certamen de este tipo: se iniciaba con un discurso u oración —en verso o en prosa— que contenía una alabanza del rey; seguidamente, se recogían las composiciones premiadas o que se consideraban dignas por su calidad; por último, estaba el vejamen (Cañas, 2012: 17-18). En la evolución de las academias literarias, el vejamen había llegado a sustituir a las actas, recogiendo una descripción de las sesiones y, con frecuencia, anécdotas burlescas o alusiones satíricas a sus participantes.

El otro texto de Hurtado de Mendoza recogido en nuestro cartapacio también parece estar en relación con aquella suerte de academia literaria organizada en torno al viaje real. Se trata de un soneto «compuesto y presentado a Su Magestad por el autor deste vexamen poco antes que llegase Su Magestad a esta ciudad [Sevilla], que fue en março de 1624». Aunque no equivale del todo a un discurso

17 Para una aproximación al vejamen de grado o universitario, consúltese, además del trabajo de Aurora Egido (1984), el de Layna (1991).

18 El manuscrito, hoy en la Biblioteca Nacional de España, procede de la biblioteca del duque de Osuna, aunque se conservan también otros manuscritos fragmentarios que recogen partes de esta academia.

introductorio, pues éste solía tener una cierta extensión, el soneto de Hurtado pudo desempeñar una función similar. Solo se ha conservado otro testimonio de este poema, en un manuscrito de la Real Biblioteca, en Madrid[19], y aunque se observan pocas variantes entre ambas copias, nuestro testimonio en todos los casos ofrece la mejor lección. Llama la atención el cambio que se da en el epígrafe de la copia madrileña —«A unas cañas que jugó el rey con el príncipe de Gales»—, pues pone el texto en relación con la visita del príncipe inglés, que tuvo lugar en 1623. Pero el poema, por su contenido, se ajusta mucho mejor a una ocasión como la visita del rey a Sevilla que a un juego de cañas, ya que en el texto no se alude ni al juego ni al príncipe Carlos en absoluto.

En cuanto a las otras composiciones que pudieron gestarse al amparo de aquella academia itinerante por Andalucía, aunque no tengamos constancia documental completa —nuestro cartapacio perdió varias hojas y tal vez solo es parte de los materiales destinados a conformar un volumen mayor, como enseguida comentaremos—, podrían estar bien representadas por el texto de Quevedo, que se hace eco de la desazón provocada por el cierre de la mancebía. En primer lugar, la jácara de Añasco (*OP* 857) se ajustaba perfectamente al tono de las academias literarias de aquellos años, incluso las patrocinadas por el monarca, pues en ellas abundaban los textos jocosos y, en bastantes ocasiones, incluso podían dar pie a chistes escandalosos, malsonantes, chabacanos o soeces (Deleito, 1935: 144). Pese a que pudiera parecer inapropiado abordar ciertos temas como los de la literatura jacarandina en presencia del rey, esto no debió de resultar entonces tan raro: puede ser buen testimonio de ello, por ejemplo, una «Xácara a las damas de la reina nuestra señora, que se cantó a Su Magestad»[20], incluida en los *Romances varios* de 1640; también el baile de *Lucrecia y Tarquino*, anterior a 1655, que recogía un par de versos del «Añasco» y probablemente fue representado ante personas reales por lo que se deduce de los versos finales (Lobato, 2014: 190). En algún otro texto de los que pudieron haberse compuesto al amparo de aquella academia, durante el viaje de 1624, se aborda igualmente el tema de la prostitución: León y Arce aludía, en uno de los poemas incluidos en *La perla*, a la popular calle sevillana de la Sierpe para introducir un juego metafórico relacionado con una prostituta (Plata, 2016: 193).

Por otro lado, parece que no fueron ajenos a la literatura vejatoria ciertos motivos y personajes de la jacarandina. Quiero subrayar, sobre todo, un ejemplo temprano y especialmente llamativo por estar relacionado con la figura del valen-

19 Madrid, Real Biblioteca, Manuscrito II/2802, fol. 266r. El texto fue editado en Benítez Claros (1948: 231).

20 Se espantaba Fernández Montesinos (1964: 17-18), ya mediado el siglo XX, de que en esta composición se diera el hecho de «llamar "coima" a la reina, "jayán" al rey y otras atrocidades semejantes», y describía estas jácaras como «degeneración e idiotez pura».

tón o jaque: Alonso de Ledesma incluyó en sus *Conceptos espirituales* (1602) una interesante muestra de vejamen *a lo divino* en que san Pablo se presenta convertido en un valiente o guapo enamorado que ronda las casas y huye del corregidor, quien trata de apresarlo (Egido, 1990: 330-331). Tengamos presente que el vejamen había ido perdiendo su pertinencia universitaria y que proliferó en forma de pequeñas composiciones dirigidas contra personajes variopintos o desarrolladas en contextos muy diversos (Layna, 1996: 32-33), presentes en muy distintos géneros de la comunicación literaria, en la oratoria sagrada o incluso en el ámbito privado de la prosa epistolar (Cara, 2001: 286). Siguiendo a Aurora Egido (2005: 251-252), podemos reconocer un panorama común a vejámenes universitarios, academias literarias, certámenes, teatro escolar y bufonadas palaciegas del Barroco, que parece remitir a una mezcla de géneros e incluso a una posible confluencia de los vejámenes con el entremés, la jácara y la mojiganga, pues comparten una cierta dimensión carnavalesca a la que no fue ajena la producción de Quevedo (Egido, 1978). Es significativo que en los vejámenes académicos del último Barroco, al igual que en los universitarios, dominara una alegoría de cuño quevedesco (Egido, 1990: 317). La huella de Quevedo será frecuentísima en la literatura vejatoria de aquel periodo, con abundancia de diminutivos jocosos, dilogías y calambures, así como caricaturas de los defectos morales y físicos (Egido, 1990: 319-322). Entre otros, podemos mencionar el caso de un vejamen de la Universidad de Toledo, en el que Egido (1984: 643) reconocía una fuerte raigambre quevedesca, con alusión explícita a Escarramán.

En resumidas cuentas, los textos recogidos en nuestro manuscrito son similares a los que habitualmente se presentaron en las academias literarias de la primera mitad del siglo XVII. De hecho, las características materiales del cartapacio, con algunas enmiendas y tachaduras, apuntan en esa misma dirección: pudo ser parte de los materiales destinados a conformar un volumen de cierta extensión; presenta evidentes analogías con los cuadernillos y hojas de diverso tamaño y factura que, cosidos y encuadernados, constituyeron las actas de algunas academias del primer tercio del XVII, por ejemplo, los MSS/3672 y MSS/9396 de la Biblioteca Nacional de España.

«AÑASCO EL DE TALAVERA»

LA JÁCARA EN QUEVEDO

González de Salas calificó la jácara de género «raro» y «singular», describiendo estas composiciones como «anales» de los acontecimientos y penalidades de los jaques. Más concretamente, sobre el Quevedo jacarista vino a decir: «Muchas jácaras rudas y desabridas le habían precedido entre la torpeza del vulgo, pero de las ingeniosas y de donairosa propriedad y capricho, él fue el primero descubridor sin duda» (Quevedo, 1648: 310-311). Secundaba tal afirmación, modernamente, Eugenio Asensio (1971: 91): hasta que Francisco de Quevedo «no lo celebra en sus coplas, la fama de un jaque es mercancía perecedera, difícilmente se exporta fuera del breve ámbito de los maleantes». En este mismo sentido, Chevalier (1992: 180) aseguraba que la jácara aguda nació y murió con Quevedo, situando el periodo de mayor esplendor del género hacia la década de 1640 —sin duda, fue decisivo el éxito de la colección *Primavera y flor de los mejores romances*, publicada en 1636 y que ya incluía el «Añasco»—. El propio Quevedo, en una anotación hecha precisamente a propósito de su «Añasco», reconocía haberse valido de metáforas enaltecedoras tomando como modelo nada menos que a Aristóteles: es obvio que poco tenía que ver con el concepto de jácara como poesía popular (López Grigera, 2002: 171). Por su parte, Blecua (1972) defendió que Francisco de Quevedo llegaría a alcanzar con sus romances germanescos un éxito comparable al del *Buscón* porque supo mantener en ellos pleno equilibrio. Ciertamente, aunque en sus composiciones se había servido del léxico de germanía, éste no resultaba excesivo, con lo que lograba una conjunción de armonía y gracia que no se dio en ningún otro autor de jácaras (López Grigera, 1998: 37); mediante una elaboración estilística y retórica, logró moldear el lenguaje a su medida para recrear aquel mundo que estaba contemplando (Alonso Veloso, 2005: 15-16).

Asunto discutido y discutible, por otro lado, es el pretendido carácter dramático de las jácaras quevedianas, lo cual lleva a plantearnos en qué género han de inscribirse. Desde Cotarelo (1911) hasta Arellano y García Valdés (2011) o Carreira (2014), se han manifestado numerosas reticencias a la hora de otorgar a las jácaras de Quevedo una adscripción dramática. No obstante, hace ya algunos años que se viene defendiendo la dramaticidad de estos textos[21]. Hernández Araico (2004: 211-215) incluye las jácaras, de manera general, dentro de la producción teatral de Quevedo y opina que algunas de ellas pudieron haber acompañado en escena a entremeses de tema análogo. Candelas Colodrón (2007: 113) habla de una «más que probable dramatización de estos textos»[22]. Hernández Fernández (2009: 110, 504-505) las incorpora a su plan de trabajo en una tesis dedicada al teatro quevediano, aunque reconociendo que consisten en una narración lineal y que aún están lejos del desarrollo alcanzado por autores posteriores en lo que se refiere al carácter estructural del diálogo, número de personajes, presencia de acotaciones, dinamismo escénico, etc. Por su parte, Lobato (2014: 160-161) defiende que Quevedo introdujo en sus jácaras escenas casi dramáticas, pues en ellas se suceden las voces, y llega a la conclusión de que nuestro autor dio un paso decisivo en la teatralización de la jácara a través de una «jácara entremesada».

Obviamente, no puede negarse la decisiva influencia que ejerció la jácara quevediana en el teatro de la segunda mitad del siglo XVII ni deben ignorarse algunas relaciones con ciertas formas teatrales[23]. Se podrá, por supuesto, especular acerca de si las jácaras de Quevedo fueron recitadas acompañando alguna representación (Sáez / Huerta, 2008: 199-200). Sin embargo, aun admitiendo la posibilidad de una

21 No entraremos ahora a valorar el posible origen dramático de la jácara en general. Entre quienes han defendido la posibilidad de que, en sus orígenes y con anterioridad a Quevedo, pudiera haberse destinado a ser dramatizada, encontramos la propuesta de Buezo (2008: 93). A esta hipótesis se oponen, entre otros, Pedraza (2006: 78), que asegura que la jácara en su origen no tuvo ninguna relación con lo teatral, y Fernández Mosquera (2019: 255), quien afirma que Quevedo continuó con un género que se asentaba en procedimientos estilísticos y temáticos, no dramáticos. Para la historia y evolución de la jácara, pueden consultarse, además, Pérez Cuenca (1989), Alonso Veloso (2005), Lobato (2014); para la jácara quevediana, el trabajo de Valenzuela (2016).

22 Este autor, sin embargo, ha apuntado a propósito de los comentarios de González de Salas (quien describía las jácaras como «anales» de los jaques y a Quevedo como «historiador suyo, o verdadero o fingido, singularmente de adecuado espíritu») que seguramente se refería al «hondo tono paródico de los textos de las jácaras, subgénero contrahecho a raíz de las epopeyas invertidas, no de un héroe o de un personaje histórico, sino de un bravo condenado...» (Candelas Colodrón, 2007: 95).

23 Para las posibles conexiones entre la jácara quevediana y la comedia burlesca, consúltese Marigno (2013).

jácara recitada, el hecho de que cierta pieza sea declamada en escena no permite incluirla dentro del género dramático (Arellano / García Valdés, 2011: 20). Fernández Mosquera (2019: 255-256) habla de un texto subido a escena y explica que Quevedo, en su afán por la reescritura y la reutilización de materiales, pudo haber introducido jácaras en algunas comedias, como sucede en su *Pero Vázquez de Escamilla*, de modo que el texto quedase «incrustado»; pese a todo, la jácara mantendría un núcleo narrativo y descriptivo.

Entre otros argumentos que se han venido aduciendo para rebatir el carácter dramático de las jácaras quevedianas, podemos subrayar como principales: la densidad conceptual y léxica, que dificulta la comprensión oral inmediata y no se aviene con el ritmo dramático; los tipos deshumanizados; la escasa fuerza dramática o la carencia de dramaticidad. Por el contrario, la narratividad es un elemento caracterizador en estas composiciones de Quevedo, algo que vienen a confirmar tanto sus rasgos estilísticos como estructurales, por ejemplo, el estilo suelto (Alonso Veloso, 2006: 37). En definitiva, puede asegurarse que Francisco de Quevedo, en realidad, alejó el género de los valores dramáticos[24].

Carreira (2014: 52) ha subrayado el hecho de que las jácaras conservadas casi siempre adoptan la forma métrica de romance, de manera que no parece inverosímil considerarlas parte de un género más amplio conocido como romancero nuevo. La propuesta resulta pertinente, pues en uno de los escasísimos autógrafos de Quevedo, precisamente al referirse a su «Añasco», lo hace con las palabras «mi romance de Añasco el de Talavera». Es significativo también que en nuestro manuscrito —seguramente el testimonio más antiguo del poema— se recoja la composición bajo el epígrafe «Romance a la manfla». Recordemos, en fin, que fue González de Salas quien dio a estos textos de Quevedo el nombre de «jácaras» por primera vez. En ninguna edición ni manuscrito anterior al *Parnaso* estas composiciones reciben tal denominación.

En cuanto a la cuestión de si los poemas jacarandinos de Quevedo pudieron haberse cantado, la respuesta tampoco es evidente. Se viene aceptando de manera bastante unánime que otras jácaras sí se cantaron en fechas más o menos tempranas. Ya hemos mencionado el ejemplo de aquélla incluida en los *Romances varios* de 1640, «que se cantó a Su Magestad». Aunque no se han conservado partituras ni pasos de baile anteriores a la segunda mitad del siglo XVII, ya en 1642 Esquivel Navarro, en su *Discurso sobre el arte del danzado*, hablaba de jácaras. Pero si nos ceñimos exclusivamente a las jácaras de Quevedo, las opiniones son discrepantes. Buezo (2008: 93) asegura que fueron cantadas o recitadas con acompañamiento

24 Son de esta opinión Alonso Veloso (2006) y Carreira (2014). Rey y Alonso (2021: 57) han apuntado que don Francisco canalizó la jácara hacia una costumbrista relación de sucesos, haciendo uso de un lenguaje muy elaborado, aunque con apariencia de cotidiano, más idóneo para la lectura que para el oído.

musical y López Grigera (1998: 75) subraya el hecho de que González de Salas las hubiera separado de los romances para incluirlas dentro de la musa Terpsícore. Además, sabemos que al menos desde comienzos del siglo XVII debió de existir un baile que recibía el nombre de Escarramán[25], lo cual parecen confirmar unos versos del entremés cervantino *El rufián viudo*, que citaba Asensio (1971: 105): «cántante por las plazas, por las calles; / báilante en los teatros y en las calles». No obstante, respecto a la posibilidad de que las jácaras de Quevedo pudieran haberse cantado en el teatro, Cotarelo (1911: cclxxx) manifestaba serias dudas a causa de su extensión y reclamaba alguna prueba. Recientemente, Carreira (2014: 61) recordaba que esa prueba sigue sin aparecer, aduciendo como principal argumento contra tal posibilidad lo elaborado del estilo, pues el lenguaje restringido y conceptuoso de Quevedo habría hecho que los textos, cantados, resultaran incomprensibles para el público.

Es obvio que las jácaras quevedianas, de una extensión considerable y alejadas del lenguaje más llano, resultaban poco apropiadas para el canto, al menos en su contenido íntegro. Creo que hay que descartar que el propio Quevedo las concibiera para ser cantadas y, en todo caso, la música se habría añadido con posterioridad. Sin embargo, es verosímil que algunos de estos textos se hubieran reducido y simplificado en manos de los músicos, quienes pudieron prescindir de las coplas más conceptuosas. Tal como proponía Cotarelo (1911: cclxxx) respecto de la jácara «Todo se sabe, Lampuga», ésta hubo de servir como baile en el entremés de *La venta*, pero no debió de cantarse completa, pues solo se incluyeron los primeros versos. Para el «Añasco», contamos con un indicio interesante en el anónimo baile de *La almoneda*, donde un valiente manifestaba su deseo de encontrar «una gentil moza» que «jácaras cante / y que baile *la Capona*»; a continuación, se le ofrece una muchacha que «es el donaire y gracia / de toda la jerigonza» y, poco después, ella canta, en efecto, los primeros versos de la jácara que estudiamos con algunas variantes respecto a las versiones conocidas:

Añasco el de Talavera,
aquel hidalgo postizo
que, en los caminos, de noche,
demanda para sí mismo;
aquél que, estando en Madrid,
hizo de vestir al vino,
sastre de azumbres y arrobas,
ropero de blanco y tinto[26].

25 Para su relación con la jácara y su dimensión musical, véanse Valdivia (2012) y Martínez Campo (2015).

26 Biblioteca Nacional de España, MSS/16291, p. 238-239.

Si bien *La almoneda* data de la segunda mitad del siglo XVII y, por sí solo, este ejemplo no prueba que la jácara se cantara ya en tiempo de Quevedo, desde luego es un testimonio que debe tenerse en cuenta. Sabido es que los músicos, en el Siglo de Oro, manifestaron preferencia por versiones abreviadas de las composiciones poéticas, porque eran más aptas para el canto, y que fueron objeto de numerosas quejas, acusados de mutilar y deturpar los textos (Valcárcel, 1991: 531). Éste parece ser el caso de la versión del «Añasco» que se recoge en *Primavera y flor de romances* de 1636 —con cuarenta versos menos que la de nuestro manuscrito—, pues en ella se suprimieron precisamente las coplas más generosas en juegos conceptistas.

ENTRE BURLAS Y SÁTIRA

Desde hace años, se viene discutiendo acerca del posible carácter satírico de las jácaras quevedianas. Por un lado, diversos autores se han mostrado partidarios de atribuirles una intención satírica, desde Rodríguez Cuadros (1987) hasta Candelas Colodrón (2012), aunque los argumentos no sean siempre del todo convincentes. Por otro lado, hay autores más o menos reacios, como Carreira (2014: 65-66), quien reconoce que habría sido esperable un tono satírico en las jácaras de Quevedo pero finalmente llega a la conclusión de que en estas composiciones no hay marca textual de censura: deduce que el poeta no pretendió denunciar, sino deshumanizar a los personajes hasta reducirlos a caricatura. Desde esta última perspectiva, el texto ofrecería un espectáculo divertido en el que no interesaba reflejar la realidad, sino estilizarla para multiplicar los chistes conceptuosos en torno a ella. Tomando prestadas las palabras de Bajtín, describe Carreira (2014: 70) el contenido de las jácaras quevedianas como una suerte de castigo útil que se aplica a ciertos individuos corrompidos, tratándolos como «muñecos irrecuperables a los que ni siquiera vale la pena satirizar».

Resulta especialmente ilustrativo el trabajo de López Grigera (1998: 78-80), que toma como punto de partida una anotación del propio Quevedo referida a su «Añasco»: «*Honestar lo malo con buenas palabras*. Los ladrones se amparan con la transladación llamándose recogedores; yo lo dije así literalmente en mi romance de Añasco el de Talavera, que por no llamarle ladrón, le llamé "hallador de lo guardado", y por no llamarle salteador, dije "que en los caminos, de noche, demanda para sí mismo"». Parece que en las jácaras, como antes en la picaresca, se explota la función enaltecedora de la metáfora puesta en boca de un rufián, que por medio de esta mueca ridícula trata de eludir su bajeza moral para enaltecerse a sí mismo. Se intenta dar apariencia honesta al vicio, a través de la metáfora dignificante, y en ello pueden reconocerse características de la sátira menipea, pues se establece la paradoja del mundo al revés[27] para mostrar la mayor indignidad, que es perder por completo la capacidad de distinguir entre bien y mal.

Al analizar el «Añasco», nos asalta la duda de si Quevedo, que en sus obras rara vez daba puntada sin hilo, se conformó con presentar una imagen divertida sin más. Especialmente cuando se estaba aludiendo a un hecho de plena actualidad y no exento de polémica: recordemos que el cierre de las mancebías era una decisión política adoptada por la Corona como parte de un amplio programa de reformación de costumbres y alentada principalmente por los jesuitas[28], quienes habían combatido la prostitución desde finales del siglo XVI, generando con ello no pocos conflictos; por ejemplo, con las autoridades de la ciudad de Sevilla, que protestaron ante el rey y que reaccionaron aprobando nuevas ordenanzas para regular el meretricio, aunque no pudieron evitar que su famosa mancebía quedara finalmente abandonada.

Seguramente algunas convicciones morales de Quevedo coincidían con las de los reformadores, al menos en apariencia, aunque tras ello intuyamos contradicciones, pues en su jácara parece haber, a un tiempo, deseo de censurar burlonamente la prostitución y cierta crítica ante la ineficacia de la prohibición: «Pecados de par en par / ya se acabaron contigo / y, no siendo menos, son / más caros y más prolijos». En todo caso, es indudable que don Francisco había aplaudido algunas medidas encaminadas a la reforma de costumbres u otras adoptadas contra gobernantes y ministros del reinado anterior, como el duque de Lerma o Rodrigo Calderón, mostrándose particularmente crítico con la corrupción que caracterizó aquel periodo —naturalmente, no hay que ignorar la posibilidad de que pesara cierto resentimiento personal en algún caso—. En especial, interesa que el autor de los *Grandes anales* señalara con insistencia a Calderón, a quien recriminaba que hubiese renegado de sus orígenes humildes y honrados, empeñado en alcanzar la condición de noble, y que pretendiera hacerse pasar por hijo del duque de Alba[29]. De igual manera, el santiaguista Quevedo probablemente conservaba en la memoria un caso que generó cierto revuelo algunos años antes: el del sevillano Fernando de Añasco, maestre de campo a quien Felipe II concedió una merced de hábito de la Orden de Santiago en 1594, aunque durante la instrucción de las probatorias su familia fue señalada como

27 No deje de consultarse, al respecto, el trabajo de Carlos Vaíllo (1982).

28 Precisamente, una de las figuras más relevantes en aquella campaña de «reformación moral» sería el jesuita Hernando de Salazar, confesor y consejero de Olivares que formó parte de la Junta de Reformación y que, sin duda alguna, mantuvo con Quevedo una estrecha relación personal y política, ayudándole en sus diferencias con el valido e incluso colaborando con él, seguramente, en la redacción de *El chitón de las tabarillas*. Bien es cierto que la relación entre ambos probablemente se fue deteriorando, pues años después Quevedo satirizaba a Salazar en *La hora de todos*. Véanse, al respecto, Astrana Marín (1946: 196, 244-245) y Jauralde (1998: 602-603).

29 Para el origen familiar de Calderón, véase Bataillon (1982: 79-102).

sospechosa de origen converso, lo cual hizo imposible que recibiera dicho hábito[30]. El caso se prolongó treinta años, pues el expediente de Fernando de Añasco no se cerraría hasta su fallecimiento, precisamente en 1624. No parece, pues, inverosímil que hubiera en Quevedo cierta intención de relacionar el nombre del maestre sevillano con el rufián de su jácara.

Significativamente, Añasco el de Talavera es caracterizado en el poema quevediano como «hidalgo postizo», es decir, noble fingido, lo cual parece estar en consonancia con ese rechazo al fatuo deseo de una hidalguía solo aparente, que aquí disfraza al ladrón y al borracho[31]. Aunque no se puede negar que el texto es una sucesión de chistes en los que el autor castiga sin piedad a sus personajes, caricaturas indignas, también hay que considerar que bajo la caricatura y el chiste seguramente en su tiempo se reconoció cierta voluntad de censura: no perdamos de vista el hecho de que en la primera edición impresa, incluida en la *Primavera y flor de los mejores romances* de 1636, aún en vida de Quevedo, el texto traía al frente el epígrafe «Sátira». Como se ha venido poniendo de manifiesto en diversos estudios, el límite entre lo satírico y la simple burla, en Quevedo, no resulta en absoluto evidente, y es probable que muchos de sus chistes en apariencia intrascendentes o absurdos entrañen una intención crítica[32]. En definitiva, la dimensión burlesca no tiene por qué excluir otros propósitos. Al igual que en sus entremeses, al amparo de la risa, Quevedo pudo introducir, «como de matute, en un género liviano, sus visiones favoritas de la incoherencia del mundo» (Asensio, 1971: 197).

Observemos el desfile de las *figuras* —«siluetas de la mala vida» (Asensio, 1971: 184)— que el propio autor clasificaba y describía en su *Vida de la corte*: figuras naturales, artificiales, lindas y valientes de mentira. Particularmente las tres últimas, contra las que su «intento va dirigido», son censuradas por los muchos daños que causan, y el mayor de todos, a juicio de Quevedo, es el disimulo, el engaño, la afectación y el practicar la mentira en sus propias personas. Como Añasco y las coimas de la jácara IX. Como los personajes de tantos entremeses, bailes y moji-

30 Véase Cartaya (2014). Es significativo que este caso desencadenara un conflicto entre los principales grupos de poder sevillanos, por un lado, y en la Corte, por otro, donde se polarizó entre quienes apoyaban a Añasco —el valido Lerma, por ejemplo— y el Consejo de Órdenes. Para más detalles, puede consultarse el expediente completo en el Archivo Histórico Nacional, Órdenes Militares, Caballeros de Santiago, Exp. 466.

31 Tal como ha subrayado Alfonso Rey (1999), Quevedo dio prioridad a la virtud sobre la honra, en consonancia con una corriente filosófica que remite a Aristóteles y a Juvenal.

32 Véanse, sobre todo, los trabajos de Blanco (2006) y Rey (2006). Acerca de las relaciones mutuas entre lo satírico y lo burlesco, Arellano (2001) ya subrayó que en muchos poemas de Quevedo ambas categorías coexisten, que pueden formar parte del mismo texto en diversos grados. Por su parte, Marigno (2020) ha explorado una lectura de las jácaras quevedianas desde las teorías de la antropología literaria.

gangas. Nadie es lo que parece, «todo el hombre es mentira», «todos los pecados son hipocresía». Y ese mundo de locos puede presentarse como la verdad latente del mundo real, igual que en la sátira menipea, como en el *Sueño del infierno*, donde todos fingen aunque al fin queda en evidencia la hipocresía y la necedad (Blanco, 2009: 55). Al caricaturizar al «hidalgo postizo» que «demanda para sí mismo», Quevedo no perseguía censurar la bajeza del personaje, sino la pretensión de que los actos indignos pasen por honestos. En palabras de Raimundo Lida (1996: 318), su literatura es una protesta «contra la falsificación de la verdad».

ALGUNAS OBSERVACIONES SOBRE MODALIZACIÓN, ESPACIO Y PERSONAJES

Como sucede en la mayor parte de las jácaras de Quevedo, también en su «Añasco» el relato jocoso se inicia con la introducción del jaque y prosigue con la intervención directa del personaje[33], según el siguiente esquema:

- (vv. 1-40) Se presenta y describe al rufián, quien, tras haberse emborrachado, contempla la antigua mancebía, ya cerrada.
- (vv. 41-108) Lamento de Añasco, que evoca el recuerdo del burdel y hace una relación en forma de catálogo de las prostitutas que allí ejercían su oficio.
- (vv. 109-112) Toma de nuevo la voz el narrador y cuenta cómo el jaque, concluido su lamento, ya completamente borracho, cae al río.

En lo que se refiere al espacio narrativo, el texto no ofrece datos explícitos que permitan localizar con certeza el burdel por cuyo cierre se lamenta Añasco. Podría referirse a cualquier mancebía española. De hecho, en la jácara encontramos el nombre de diversas ciudades de la topografía germanesca de comienzos del siglo XVII[34]: Medina del Campo, Talavera y, en el epígrafe de uno de los manuscritos que han transmitido el texto, se alude a «la casa de Alcalá», aunque éste seguramente es un añadido posterior, ajeno al autor. Pese a todo, hay indicios de que la mancebía descrita en el texto se pudo inspirar en la más afamada y escandalosa de su tiempo: la de Sevilla. Desde finales del siglo XVI, esta populosa ciudad era tierra de promisión para rufianes y gente de mal vivir, por lo que fue conocida como la Babilonia española. Su mancebía de El Compás, ubicaba junto al Guadalquivir —en la jácara de Añasco, el antiguo burdel se encuentra precisamente junto al río—, fue la más

33 Apuntaba Candelas Colodrón (2007: 123) que el relato jocoso del rufián en primera persona, habitual en las jácaras de Quevedo, está presente de manera ejemplar en «Añasco el de Talavera».

34 Véase, al respecto, el trabajo de Hernández y Sanz (1999: 65).

activa de la Península Ibérica, de modo que hablar de «la manfla», por antonomasia, hacía pensar en la de Sevilla (Hernández / Sanz, 1999: 61-64, 152). Tal como explicaba Asensio (1971: 48), ya Lope de Rueda había contribuido a hacer de Sevilla y Córdoba referentes literarios de la picardía y el hampa, en detrimento de la antigua fama de Valladolid, Medina o Toledo, y este cambio quedó confirmado en los romances de germanía. De hecho, gran parte de las jácaras se ambientarán precisamente en la capital andaluza. Quevedo escogió la manfla sevillana como motivo de inspiración para sus jácaras más logradas, pudiendo contarse en ellas hasta quince alusiones a la ciudad (López Ruiz, 1984: 93). Es probable que allí hubiera visto don Francisco personalmente algunos rufianes que después transformó poéticamente para convertirlos en las figuras de sus composiciones. Durante el viaje a Andalucía de 1624, nuestro poeta sin duda tuvo una buena ocasión para hacerlo, pues sabemos que permaneció en Sevilla unos quince días. De hecho, Lisón y Biedma afirmaba haber visto a Quevedo en el corral de los Naranjos y en otros rincones sevillanos de dudosa reputación, «en rueda con los rufianes y gente desalmada»[35], y son significativas las semejanzas entre las descripciones que hizo Suárez de Figueroa del hampa sevillana y las de *El Buscón* o algunas jácaras quevedianas (López Ruiz, 1984: 93).

En cuanto a los personajes, como era de esperar, se presentan totalmente deshumanizados, convertidos en títeres: son meras caricaturas, de las que habitualmente hizo uso Quevedo para caracterizar el ambiente rufianesco y prostibulario en sus obras, con nombres para el jayán y las busconas que aluden a alguna cualidad física o moral.

Añasco el de Talavera, jaque y personaje central de esta composición, recibe un antropónimo que se ajusta a uno de los tipos predominantes en los rufianes de las jácaras: nombre + sintagma de procedencia[36]. *Añasco*, aunque podría remitir al verbo *añascar* 'enredar, embrollar alguna cosa', más probablemente apunta al polémico maestre Fernando de Añasco, como queda ya comentado. En cuanto al toponímico *el de Talavera*, que aludiría al origen del jaque, no hay duda de que subyace un sentido irónico, por contraste con la condición pretendidamente noble del personaje[37]: Talavera, población mercantil y ganadera, situada en un cruce de caminos, atraía por

35 Así en un impreso que trae por título *El tapabocas que azotan. Respuesta del Bachiller Ignorante al Chitón de las Tabarillas...* Se ha atribuido tradicionalmente a Mateo de Lisón y Biedma (Astrana, 1945: 589), aunque actualmente se pone en duda que fuera obra suya (Martín Rodríguez, 2016: 21).

36 Para los nombres de los jaques, véase el estudio de Hernández y Sanz (1999: 103).

37 No será infrecuente, en la literatura jacarandina de nuestro poeta, la burla relacionada con hidalguías fingidas y nombres de jaques que parodian linajes nobles. Véanse Salillas (1905) y Egido (1996).

entonces a toda clase de delincuentes[38]. Sin duda por esta razón, en la literatura del siglo XVII, la ciudad con frecuencia se menciona en relación con pícaros, rufianes y otros tipos pertenecientes al mundo del hampa[39]. Por ejemplo, la Talaverana del *Persiles y Segismunda*, a la que condenan a morir ahorcada por haber apuñalado a su propio marido y que escribe una carta de indudable sabor jacarandino. Hill (1945: 178) recogió un texto en que se cita a un «Zayno de Talavera», y encontramos otro valiente, llamado Talaverón, en el *Baile de los valientes Sancho el del Campillo y Talaverón* (Di Pinto, 2004). El propio Quevedo da el nombre «Landoño el de Talavera» a otro rufián (*OP* 853). En la jácara III (*OP* 851), presenta a la Peralta, que ha sido abandonada por su bravo, Lampuga, precisamente en Talavera, donde queda «a la sombra de un gitano»; ella se queja de que la prostitución, en la ciudad, se cotiza al mínimo precio, pues hay mucho «amor» y poco dinero, y los talaveranos —«hijos del vidriado», bien conocidos por la fabricación de cerámica y loza— tratan de engañarla por ser una buscona forastera, marchándose sin pagar el servicio.

No es improbable que, para su Añasco, Quevedo se inspirase en algún jaque real, pero parece difícil asegurarlo y más aún identificarlo, por no hablar del proceso de transformación que sin duda hubo de experimentar en la pluma de nuestro poeta[40]. De hecho, podríamos decir sobre Añasco lo mismo que Eugenio Asensio (1971: 91) sobre Escarramán: «No sabemos si hubo un Escarramán de carne y hueso, pero su personalidad literaria se inicia, casi seguramente, en el romance quevediano...». Añasco bien puede asimilarse a ciertas figuras recurrentes en la producción quevediana —apuntaba Asensio (1971: 192) que fueron habituales en Quevedo las réplicas y refundiciones de sus criaturas—. Compárese, por ejemplo, con los que llama «valientes de mentira» en la *Vida de la corte*:

> [...] visten a lo rufianesco, media sobre media, sombrero de mucha falda y vuelta, faldillas largas, coleto de ante, estoque largo y daga buida [...] Beben a fuer de valientes y dicen: «Quien bien bebe, bien riñe» [...] Dejan caer la capa, calar el sombrero, alzar la falda, ponerse embozados y abiertos de piernas y mirar a lo zaino[41].

38 Un buen testimonio contemporáneo de que Talavera fue refugio de rufianes y ladrones lo encontramos en Jerónimo de Barrionuevo: «El Gordillo de Mérida corre hasta Talavera con cien hombres, y tiene aquí sus agentes y sus parciales con quien se entiende, y entra y sale en Madrid sin ser conocido a los robos de más importancia, teniendo mozuelos que entran a las casas a servir y registrarlo todo» (Paz y Meliá, 1969: 155b).

39 Véase Pedraza (2006).

40 Para la posible relación entre algunas jácaras y la realidad del mundo del hampa, véase Di Pinto (2014).

41 Sobre la influencia de la literatura clásica en la sátira contra la embriaguez, véase Sánchez Alonso (1924: 51-52).

En cuanto a las prostitutas que Añasco recuerda en su evocación de la manfla, la caracterización es aún más esquemática[42]:

La Chillona es prostituta experimentada y ladrona. Sabemos, por otras composiciones, que fue la daifa o coima de Añasco. El nombre puede aludir a su carácter vocinglero. Como otros personajes de la jacarandina, reaparecerá en algunos romances y diversas obras del teatro breve de la segunda mitad del siglo XVII, entre los que destaca el *Añasquillo* de Suárez de Deza.

A la Chaves solo la menciona Quevedo aquí, en la jácara IX, dando a entender que ha fallecido, probablemente como consecuencia de ciertas «gomas» o tumores sifilíticos que ella pretendía ocultar. Volveremos a encontrarla con relativa frecuencia en la segunda mitad del siglo XVII como personaje de jácaras dramáticas y entremeses en los que se advierte la influencia quevediana, como es el caso de *La Chillona* de Moreto o *El Ñarro de Andújar* de Cáncer.

El nombre de la Maldegollada lo incluyó Quevedo también en sus «Cortes de los bailes» para designar a una prostituta que representa uno de los bailes personificados, describiéndola como «la melindrosa de tumbos». Fuera de la producción quevediana, este nombre se menciona, junto al de otras coimas, en el «Romance de la descripción de la vida airada» (Hidalgo, 1779: 49). Es probable que el personaje se inspirase en una leyenda o incluso en un suceso real, aunque hoy parece difícil precisarlo[43].

Por último, con el nombre de Araña, viene a cerrar el catálogo una figura celestinesca que, tras haber ejercido la prostitución extensamente, ha llegado a ser «madre» de la mancebía, «guisando» amores mercenarios y explotando a las rameras que están a su cargo. Hablaremos con más detalle de este personaje posteriormente.

ALGUNAS NOTAS SOBRE ESTILO

En los últimos años, han venido publicándose valiosos trabajos que abordan el análisis estilístico de las jácaras quevedianas. A ellos me remito en términos generales[44]. Convendrá, no obstante, subrayar aquí algunos aspectos particularmente relevantes en relación con el texto que nos ocupa.

42 Para los nombres y características de las prostitutas en las jácaras de Quevedo, véase el artículo de López Sutilo (2010).

43 Véase, respecto a cierta «Maldegollada» que en la Sevilla de 1624 protagonizó un suceso presuntamente verídico, el trabajo de Bernal / Espejo (2003).

44 Consúltense, especialmente, los trabajos de Alonso Veloso (2007: 120-215) y Candelas Colodrón (2007: 107-113).

Queda ya comentado cómo, en la jácara IX, las acciones delictivas o moralmente reprobables se presentan de modo eufemístico y, al tiempo, ridiculizador —«hallador de lo guardado, / santiguador de bolsillos»—. Abundan, además, los juegos de palabras que, en torno a tópicos de la literatura germanesca, se entrelazan a partir de una estructura muy esquemática. Los personajes, animalizados o cosificados, se degradan sin paliativos —«deshollinado el hocico», «hidalgo postizo»—. Tal como ha señalado Alonso (2007: 130-131), Quevedo recurrió con frecuencia, en la caracterización de sus jaques, a una serie de apelativos o rasgos figurados para crear una compleja acumulación de apodos *a conglobatis* con el propósito de desfigurarlos, acentuando sus rasgos hiperbólicamente. Al describir a Añasco, concretamente, se recurre a la amplificación mediante el isocolon bimembre —«sastre de azumbres y arrobas, / ropero de blanco y tinto»—, con apelativos metafóricos que inciden en la actividad delictiva del jaque y en su afición al vino. Llama la atención, en la serie de referencias metafóricas, la autonomía que adquiere cierta parte del cuerpo —los ojos—, con que se facilita el esbozo de una caricatura moral y física del personaje[45].

La interrogación retórica, aunque no sea una figura habitual en las jácaras por ser éstas de marcado carácter narrativo, tiene en «Añasco» algún ejemplo ciertamente interesante: por medio de una serie de *interrogationes*, se introduce aquí una parodia del tópico *ubi sunt* con reflexiones melancólicas sobre el pasado definitivamente perdido que, en boca del jaque, adquieren sentido irónico[46]. También con finalidad irónica, se introduce el motivo de las ruinas de Troya y Cartago, frecuentísimo en la poesía moral de los Siglos de Oro como advertencia sobre las ambiciones mundanas y que aquí se aplica al cierre del burdel.

En lo que se refiere al modelo compositivo, se hace uso de la relación[47] como cauce por el que fácilmente discurre el testimonio del rufián, ofreciéndose una visión interior del mundo del hampa (Carreira, 2000: 95). Se ha venido señalando cómo las jácaras, por su condición narrativa, se apoyan estructuralmente en el estilo suelto, con una sucesión inconexa de ideas, periodos sintácticos simples y predominio de yuxtaposición y coordinación. No obstante, el periodo de miembros se reserva para el comienzo del poema y el uso del paralelismo se manifiesta sobre todo bajo la figura del isocolon. Al principio de la jácara IX, encontramos un pasaje de cierta complejidad estilística que es buen ejemplo del estilo periódico de miembros. Aquí el paralelismo se pone al servicio de la descripción del personaje y la expresión de sentimientos en forma de monólogo (Alonso Veloso, 2006: 32-45).

45 Véase, además del trabajo de Alonso Veloso (2007: 131), el de Lía Schwartz (1983: 156).

46 Véanse Alonso Veloso (2007: 188) y Candelas Colodrón (2007: 111).

47 Véase Valenzuela (2016: 220-226).

DATACIÓN

Para la composición del «Añasco», parece que la fecha de 1623 ha de ser el *terminus post quem*, ya que fue entonces cuando se decretó la prohibición de las mancebías. Crosby (1967: 165) propuso una datación que oscilaría entre 1623 y 1640. Por su parte, Cacho Casal (2004: 417) ha podido precisar bastante más gracias a dos datos sólidos: el «Añasco» se imprimió por primera vez en la *Primavera y flor de los mejores romances* de 1636; además, Maluenda tomó prestado un verso de esta jácara en su *Bureo de las musas del Turia*, publicado en 1631 pero con aprobaciones de 1630. En consecuencia, puede asegurarse con bastante certeza que el texto se compuso entre 1623 y 1630.

Nuestro testimonio contribuye a confirmar e incluso afinar esa datación. En primer lugar, las filigranas del papel y el tipo de letra, como ya vimos, indican que pudo ser copiado hacia el primer tercio del siglo XVII. Más concretamente, el texto se halla recogido en un cartapacio o cuadernillo junto a otros dos, presumiblemente todos ellos derivados de una suerte de academia literaria, y esto lo acerca a un contexto muy concreto: la visita de Felipe IV y su séquito a Andalucía durante los meses de febrero y marzo de 1624. Las otras dos composiciones, de Antonio Hurtado de Mendoza, se relacionan indudablemente con el viaje y fueron escritas hacia el mes de marzo de aquel año, lo cual permite suponer que también Quevedo, presente en la jornada andaluza, pudo escribir su jácara por esas fechas. Naturalmente, el hecho de que se recojan dos textos datados en 1624 no implica que la copia se hiciera necesariamente entonces, pero, tal como dijimos, es verosímil que este cartapacio se destinara a quedar cosido junto a otros materiales derivados de aquella academia ocasional, de manera que el manuscrito no sería muy posterior a la fecha de composición[48].

AÑASCO EN LA LITERATURA POSTERIOR

Apuntábamos ya la decisiva repercusión que tuvieron las jácaras quevedianas en el posterior desarrollo de la jácara poética y, sobre todo, de su vertiente dramática. Los jaques y coimas de Quevedo llegarían a ser un modelo indispensable en la creación de muchos personajes que triunfaron en corrales de comedias y en palacio durante la segunda mitad de la centuria (Lobato, 2014: 163). Más concretamente, la jácara IX destaca en el conjunto como una de las que alcanzaron mayor resonancia,

48 Tal vez contribuya a reforzar este argumento cierta coincidencia léxica con la carta que redactó Quevedo para el marqués de Velada durante aquel viaje: «Desta suerte, haciendo la mortecina contra la cuesta, estuvimos, hablando de memoria, cuatro horas...». En su jácara IX: «...en la contera del mundo / se está haciendo mortecino»).

comparable tan solo a la del «Escarramán». Indicio de ello es sin duda el número relativamente importante de copias manuscritas y ediciones impresas de esta composición, bastante mayor que el de otras jácaras del autor. Añasco pasó, junto con Escarramán, a ser uno de los habituales rufianes de jácaras poéticas y entremesadas, bailes o comedias de la segunda mitad del siglo XVII. Lejos de pretender dar aquí un catálogo completo de las obras en que se advierte alguna influencia o eco del «Añasco», mencionaré siquiera los ejemplos más significativos.

Entre las jácaras poéticas y romances, encontramos ejemplos bastante tempranos. Para empezar, ya el propio Quevedo echaría mano de su «Añasco» en otras composiciones. En el romance «Echando verbos y nombres» (*OP* 760), leemos «demando para mí mismo / con reverendas de Añasco» y, en «Mirábanse de mal ojo» (*OP* 763), don Francisco alude a sus dos jaques más ilustres: «de relatora presumes, / porque charlas en estrados, / más preciada de la hoja / que Escarramán y que Añasco». En cuanto a los textos de otros autores, además del ya citado *Bureo de las musas del Turia*, de 1631, podemos mencionar el romance «Estábase la aldeana» publicado en los *Romances varios* de 1640, que recoge los dos primeros versos del «Añasco» para establecer una comparación entre la falsa hidalguía del jaque y la virginidad de una muchacha. En otro romance de la primera mitad del XVII, sin título, Añasco dirige sus quejas a la Chillona desde «un calabozo oscuro» (Hill, 1945: 191-193). Pueden, además, citarse, el romance anónimo «Quéjase Añasco de sus desdichas y encarga la virtud a los hombres», compilado por Alfay en las *Poesías varias* de 1654, y la jácara «Vida y milagros de Añasquillo de Toledo y Ectongo el de Talavera» de Antonio Enríquez Gómez (Lázaro, 1992: 114).

Entre las jácaras entremesadas, bailes y comedias, son aún más abundantes los ejemplos. Es interesante *Añasquillo el de Segovia*, de Antonio de Solís, una jácara entremesada que protagoniza el hijo de Añasco (Hernández Reyes, 2016: 443-444). Encontramos también un *Añasco el de Talavera* de Álvaro Cubillo de Aragón, de mediados del siglo XVII, la anónima *Jácara entre dos mujeres*, del último tercio de la centuria, más algunas jácaras y entremeses teatrales editados por Lobato (2014), como la *Jácara del Zurdo*. Dentro de los bailes, podemos mencionar los siguientes: *La Chillona*, el *Baile burlesco del conde Claros* y el *Baile de Lucrecia y Tarquino*, de Agustín Moreto; *Las mozas de la galera* y *Añasquillo*, de Vicente Suárez de Deza; el anónimo *Baile de la almoneda* (Cotarelo, 1911: ccvii).

UNA VERSIÓN DESCONOCIDA DE LA JÁCARA IX

TRADICIÓN TEXTUAL EN LA OBRA POÉTICA DE QUEVEDO

A la muerte de Francisco de Quevedo, eran muy pocos los poemas suyos que se habían dado a la imprenta, siempre dispersos en colecciones de romances y antologías de diversos autores. En cuanto a los manuscritos conservados que recogen su producción en verso, si nos ceñimos a aquéllos que son anteriores a la publicación del *Parnaso*, veremos que no superan en número a los impresos, si bien raras veces pueden fecharse con exactitud (Pérez Cuenca, 2013: 70-73). Hay que añadir que los manuscritos copiados en el siglo XVII son principalmente antologías de varios autores, mientras los que recogen únicamente la obra de Quevedo son casi todos del XVIII, muchas veces simples copias de impresos de la centuria anterior (Pérez Cuenca, 2000: 267). En resumidas cuentas, ninguna edición y ningún manuscrito del siglo XVII ofrecen la obra poética completa del autor (Blecua, 1968: xxxiii).

A la vista de esa circunstancia, quienes han venido abordando trabajos de edición de la poesía de Quevedo reconocen la enorme complejidad del proceso de transmisión textual. Yo no seré una excepción. Esto se debe no solo al hecho de que el autor apenas publicara sus composiciones, las cuales se difundieron sin control, oralmente y por escrito, sino también a la densidad conceptual y a las dificultades para interpretar sus textos, por no hablar de las atribuciones dudosas. No olvidemos que el propio Quevedo alentó la circulación manuscrita de determinados poemas en un ámbito restringido y, en muchos casos, se produjo una transmisión similar a la de su obra en prosa, caracterizada por la intrincada tensión entre control autorial y circulación real de los textos (Peraita, 2010: 130). Hemos de subrayar, con Blecua, que en el caso de la poesía satírica y burlesca es aún si cabe más compleja y azarosa la historia textual, principalmente porque con más frecuencia se transmitió de forma oral, lo cual vienen a atestiguar las sucesivas redacciones de un mismo texto, recogido en numerosos manuscritos de diversa cronología que dificultan también su datación.

Por todas estas razones, el hallazgo de cualquier nuevo testimonio de la obra poética de Quevedo representa un valioso eslabón, máxime si se trata de un testimonio del siglo XVII y es anterior a la publicación del *Parnaso*, pues entre las aportaciones posteriores a la canónica edición de Blecua apenas se han ido encontrando variantes de importancia[49].

Antes de nada, hay que tener presente el hecho ya hoy indiscutible de que Francisco de Quevedo, en muchos casos, corrigió, pulió y castigó bastante sus poemas, tal como demostró Blecua hace años ofreciéndonos ejemplos palmarios (Blecua, 1968: xx-xxii). En tales composiciones se han identificado versiones intermedias del propio Quevedo que incluso pueden fecharse. Crosby (1967), añadiendo otros ejemplos de variantes de autor por medio de los autógrafos conservados, también pudo comprobar la existencia de modificaciones atribuibles al propio Quevedo en el paso de las versiones manuscritas a las impresas y entre diferentes ediciones. En general, observó que el autor buscaba mejorar la expresión poética: por un lado, concentrando la expresión, suprimiendo la repetición y la duplicación; por otro lado, procurando avivar imágenes y metáforas al infundirles mayor dinamismo e intensidad poéticos.

Sin embargo, esto no supone que Francisco de Quevedo necesariamente revisara todos sus textos, redactando diversas versiones de cada uno. Y es igual de incontestable que muchas de sus composiciones se vieron alteradas por razones ajenas a su voluntad: la forma del romance, por ejemplo, permitía a cualquiera fácilmente suprimir, añadir o mover coplas. Más allá de la censura, que en el caso que nos ocupa parece poco probable[50], hemos de centrar nuestra atención en la transmisión oral del texto. Es casi seguro que «Añasco» se difundió oralmente, al igual que sucedió con otros muchos poemas de Quevedo, que tuvieron una extensa trayectoria a través del canto o el recitado antes de quedar fijados por escrito,

49 Entre estas aportaciones, destaca el trabajo de Plata Parga (1997), que hizo uso de 17 nuevos testimonios manuscritos en la edición de ocho poemas de Quevedo. No obstante, él mismo reconocía que, en la mayor parte de los casos, los nuevos testimonios tienden a ofrecer pocas sorpresas y encajan en alguna de las ramas de la transmisión textual (Plata, 2000: 286-87). En cuanto a los textos desconocidos que salen a la luz, éstos suelen ser de atribución dudosa o difícilmente demostrable (Hernández Fernández, 2010).

50 Sí parece ser la causa de ciertos cambios en otros textos, como el poema *OP* 652, «Las cuerdas de mi instrumento», que se publicó censurado en las primeras ediciones impresas por contener algunos versos que pudieron considerarse demasiado atrevidos (Botta, 2019).

bien impresos o bien de forma manuscrita. Ya queda comentado que los músicos, en el siglo XVII, manifestaron una clara preferencia por versiones abreviadas de las composiciones poéticas, pues eran más aptas para ser cantadas; frecuentemente redujeron y simplificaron los textos, prescindiendo de coplas a discreción, por lo que fueron acusados de mutilar y deturpar aquellos poemas. De estas versiones se quejaba, por ejemplo, María de Zayas: «Los músicos de los libros son más piadosos que los de las salas de los señores, que acortan los romances, que les quitan el ser y los dejan sin pies ni cabeza».

De los músicos, con frecuencia, tomaron sus textos los editores, que los copiaban e imprimían en pliegos sueltos o en romanceros. Ni siquiera González de Salas hubo de ser una excepción, pues nos habla de recurrir a los músicos igual que hacían los compiladores de romances: así, las letrillas, «que se encomendaron a la voz de los músicos, se podrán repetir de los proprios» (Quevedo, 1648: 340). En consecuencia, aunque posiblemente más de un romance de Quevedo debió de ser corregido por él mismo, hemos de tener muy en cuenta que ya en vida del autor se había iniciado la tradicionalización del romance culto (Blecua, 1968: xxxvii). Quevedo fue un poeta muy explotado por los editores y a ello se sumaron las numerosas copias manuscritas que entonces circularon sin duda. Se añade a esta circunstancia el hecho cierto de que muchos editores y copistas, como habían hecho los músicos, introdujeron también modificaciones a su antojo[51]. Incluso González de Salas confesaba que, en unos cuantos casos, había retocado o completado diversos poemas: compuso los tercetos de «Con mudo incienso y grande ofrenda, oh Licas» (*OP* 132), bastantes versos de «Son los vizcondes unos condes bizcos» (*OP* 591) y gran parte de los romances «A los moros por dinero» (*OP* 591) y «Hagamos cuenta con pago» (*OP* 753), además de modificar o censurar otros textos, por no hablar de composiciones en las que cabe sospechar una mayor o menor intervención suya (Carreira, 2009: 42-43).

Conviene subrayar en este punto que, si bien el trabajo de edición publicado en el *Parnaso* es, teniendo en cuenta la fecha en que se llevó a cabo, bastante bueno, ciertamente está muy lejos de los criterios filológicos modernos. Sugiere Carreira (2002: 140) que la obra poética de Quevedo, a su muerte, probablemente había quedado bastante menos depurada de lo que dieron a entender sus editores y, oportunamente, trae al recuerdo un soneto donde el príncipe de Esquilache censuraba a González de Salas por su edición. Con respecto a las jácaras, Carreira (2014: 52) defiende que su inclusión en el *Parnaso* garantizaba la elección de un texto preferible al de las versiones sueltas, pues en algunas de éstas detecta marcas de oralidad; sin embargo, él mismo ha reconocido, refiriéndose a «Zampuzado en un

51 Muy acertadamente apuntó Carreira (2009: 40) que con los manuscritos poéticos sucede lo mismo que con los poetas: son muchos más los malos que los buenos.

banasto», que la inclusión de siete coplas en la versión recogida por González de Salas supone una «ruptura chocante», a diferencia de lo que ocurre en versiones procedentes de manuscritos, y sugiere que en este caso el editor del *Parnaso* tal vez optó por la versión «menos feliz» (Carreira, 2000: 102). El propio González de Salas, al tratar sobre las jácaras quevedianas, aseguraba: «Muchas hay otras de las que se han recogido aquí que, o no se han alcanzado, habiendo de ellas noticia, o no la ha habido, como yo en esta erudición no soy muy versado» (Quevedo, 1648: 311). En resumidas cuentas, si don Jusepe reconocía no ser «muy versado» en este tipo de composiciones y que no había sido capaz de recopilar todas las jácaras de Quevedo, es verosímil suponer que quizá tampoco pudo disponer de las versiones más próximas a la última revisión del autor.

Al volver a la cuestión inicial para centrarnos en la producción poética de Quevedo, comprobamos que los problemas textuales más espinosos se relacionan con la pluralidad de versiones (Rey, 2000: 312) y enseguida nos asaltan serias dudas a la hora de distinguir las variantes de autor de las variantes de transmisión. Desafortunadamente, carecemos en este caso de una fórmula para detectar las variantes de autor, pues no responden a una tipología precisa ni es posible ordenarlas atendiendo a criterios lógicos o cuantitativos; en Quevedo, son parte de un *usus scribendi* muy complejo (Rey, 2000: 323-325). Y la dificultad es aún mayor en el caso concreto de sus jácaras, pues la distribución sintáctica en las coplas permitió alterar fácilmente el orden de las mismas —por no hablar de posibles casos de *contaminatio*—, de modo que resulta casi imposible saber quién introdujo en el texto tantos cambios. Obviamente, parece improbable que un poeta como Quevedo elaborase numerosas versiones —hasta seis o siete— e interviniera en las profundas modificaciones que se observan en muchas jácaras, algunas de las cuales llegan a verse reducidas casi a la mitad, en ciertos testimonios, con respecto a las versiones más amplias (Carreira, 2016: 74).

No menos problemática resulta la identificación de las versiones primitiva y última de un poema. Las consideraciones generales que suelen hacerse en otros casos —serán más antiguas las versiones más breves, las más sencillas desde el punto de vista léxico, las menos innovadoras, etc.[52]— no son en absoluto aplicables a toda la producción poética de Quevedo, pues en ella las variantes pudieron responder a motivos muy diversos, dando como resultado una casuística bastante compleja y un amplísimo abanico de supuestos textuales (Rey, 2000: 321). Lo cierto es que las *fontes criticae* podrían llevarnos, bien a un arquetipo deturpado en sucesivas copias, bien a diversas versiones de autor, bien a una combinación de esos dos supuestos, pero a la postre resulta casi imposible discernirlo en muchos casos.

52 Véase, al respecto, el manual de Alberto Blecua (1983: 117-119).

Podemos concluir, pues, que los planteamientos de Blecua y Crosby en relación con las variantes de autor en la producción lírica de Quevedo, siendo de grandísima utilidad aplicados a muchos poemas, resultan menos operativos a la hora de editar ciertos textos como sus jácaras. Por otro lado, debemos renunciar al empeño de reconstruir un arquetipo, que probablemente solo nos daría una versión históricamente inexistente (Fernández Mosquera, 2000: 121). La solución más práctica y acertada desde el punto de vista filológico sigue siendo la de una edición sinóptica. Nuestra prioridad ha de ser identificar, dentro de las versiones que hemos localizado, el texto que puede estar más próximo a la última versión del autor, o al menos a alguna revisada por él. A éste seguirán los textos de las demás versiones y, si es posible, deberán ordenarse atendiendo al mismo criterio: desde la que parece ser más fiel hasta la que más se aleja de la voluntad del autor. En cada una de esas versiones, independientemente, se enmendarán los errores, de modo que las lecciones de una versión no han de ser consideradas meras variantes de otra (Rey, 2000: 316). Lamentablemente, por las razones ya comentadas, la principal dificultad sigue siendo que, en muchísimos casos, resulta casi imposible distinguir las variantes de autor de las modificaciones espurias. Pese a todo, podemos recurrir a algunos indicios, si no definitivos, que al menos permitan allanar el camino. Sobre todo, conviene examinar las posibles incoherencias causadas por ausencia o desorden de algunas coplas, las marcas de oralidad, los aspectos estilísticos —aunque examinándolos con cautela, pues se imitó mucho el estilo de Quevedo— e incluso la mayor o menor extensión del texto, pues ya hemos visto que las versiones para el canto o el recitado suelen ser más breves[53].

TESTIMONIOS Y VERSIONES. ANÁLISIS DE VARIANTES

De la jácara IX hemos podido contar un total de seis testimonios manuscritos del siglo XVII y otros seis impresos hasta la edición del *Parnaso* de 1648[54]. Una cantidad, por tanto, muy considerable si la comparamos con los testimonios de otras jácaras quevedianas; ésta es sin duda la que se ha transmitido en un mayor numero de fuentes textuales, superando incluso al «Escarramán».

53 En cuanto a la prioridad que se viene dando a las versiones recogidas en el *Parnaso* frente a las manuscritas, creo prudente no hacerla extensible a todas las composiciones, y menos aún a las jácaras.

54 El número de manuscritos e impresos de los siglo XVIII y XIX que recogen el «Añasco» es muy elevado. Pero nada aportan, salvo erratas, en lo que se refiere al texto de esta jácara.

Manuscritos del siglo XVII

A: Salamanca, Biblioteca privada, M037, h. 9r-9v. Quedó descrito anteriormente y, como hemos visto, el manuscrito podría datar de hacia 1624 o poco después, de modo que estamos seguramente ante el testimonio más antiguo conocido de la jácara IX.

B_1: Madrid, Biblioteca de la Real Academia Española, Rodríguez Moñino 7273, f. 123. Cancionero en cuya portada se lee: *Obras do conde de Villa Mediana que no se ha impresso*. Letra del siglo XVII, hacia 1650 (Blecua, 1969: 35).

C: Madrid, Biblioteca Nacional de España MSS/3940, f. 46-48. Volumen facticio que contiene diversas obras de Quevedo y algunos poemas de Garcilaso. Letras de los siglos XVII y XVIII (Astrana, 1932: 1354).

D: Madrid, Biblioteca Nacional de España MSS/3795, f. 182. Códice sin portada, copiado en diferentes letras del segundo tercio del siglo XVII (Astrana, 1932: 1344). Procede de la biblioteca de don Luis de Usoz.

D_1: Santander, Biblioteca Menéndez Pelayo 152, f. 154. Volumen con obras de varios autores. Diversas letras del siglo XVII (Artigas / Sánchez Reyes, 1957: 248). El volumen fue compilado por el cordobés don Francisco Rocco en el siglo XVII (Buendía, 1967: 1204).

F_2: Madrid, Biblioteca Nacional de España MSS/17717, f. 216. Diversas letras del siglo XVII.

Impresos del siglo XVII

F: Pedro Arias Pérez (ed.), *Primavera, y flor de los meiores romances, y Sátiras, que se han cantado en la Corte*, Zaragoza, Pedro Vergés, a costa de Pedro Alfay y Torcuato Alfay, 1636, f. 117v.

F_1: *Romances varios. De diversos avtores*, Zaragoza, Pedro Lanaja, 1640, p. 237.

F_3: *Romances varios. De diversos avtores. Añadidos y enmendados en esta tercera impression*, Zaragoza, Pedro Lanaja, 1643, p. 331.

E: *Romances varios. De diversos avtores. Corregido y enmendado en esta tercera impression*, Madrid, Imprenta del Reyno, 1645[55].

55 De esta rarísima edición hay un ejemplar en la biblioteca de la Universidad de California-Berkeley. Rodríguez Moñino (1977: 562) indica que es igual a la edición de Córdoba de 1648, aunque se añadió el romance «Quitándole está Medoro».

E_1: *Romances varios de diversos avtores. Corregido y enmendado en esta tercera impression*, Córdoba, Salvador de Cea, 1648, p. 216[56].

B: Francisco de Quevedo Villegas, *El Parnasso español, monte en dos cvmbres dividido, con las nveve musas castellanas*, Madrid, Diego Díaz de la Carrera, a costa de Pedro Coello, mercader de libros, 1648, p. 359[57].

B_2: *Romances varios, de diversos avtores. Añadidos, y enmendados en esta vltima impression*, Sevilla, Nicolás Rodríguez, 1655, p. 299.

B_3: *Romances varios, de diversos avtores. Añadidos, y enmendados en esta ultima impression*, Madrid, Pablo del Val, a costa de Santiago Martín, 1655, p. 299[58].

B_4: *Romances varios, de diversos avtores. Añadidos, y enmendados en esta vltima impression*, Madrid, Pablo del Val, a costa de Francisco Lamberto, 1655, p. 299[59].

F_4: *Primavera, y flor de los mejores romances, y sátiras que se han cantado en la Corte. Añadidas diuersas poesias. Y aora nueuamente añadido el romance, que se hizo à la entrada de Galicia en Portugal, en esta primera, y Segunda Parte*, Madrid, por Pablo de Val, a costa de Antonio Riero, mercader de libros, 1659, f. 110v.

B_5: *Romances varios de diversos avtores. Agora nuevamente recogidos por el Licenciado Antonio Diez*, Zaragoza, Viuda de Miguel de Luna, 1663, p. 43.

B_6: *Romances varios de diversos autores. Añadidos y enmendados en esta vltima impression*, Madrid, Juan de Nogués, 1664, p. 311.

B_7: *Xacaras y romances varios, compvestos de diversos avtores, que por lo deleytable causará apacible gusto á los que lo leyeren*, Málaga, por Pedro Castera, 1668, f. 15[60].

56 Hay un ejemplar en la Biblioteca Nacional de Brera (Milán).

57 Las sucesivas ediciones del *Parnaso*, hasta finales del siglo XVII, reproducen el mismo texto salvo algunas erratas irrelevantes: Madrid, 1648; Zaragoza, 1649; Madrid, 1650; Lisboa, 1652; Madrid, 1659; Madrid, 1660; Bruselas, 1661; Madrid, 1668; Bruselas, 1670; Amberes, 1699.

58 Hay ejemplares en la Biblioteca Británica y en la Biblioteca Nacional de Chequia.

59 La descripción, en Rodríguez Moñino (1977: 576).

60 Véase Wilson (1966).

Florencio Janer (1877: 107-108) fue el primero en editar, paralelamente y junto al texto del *Parnaso*, otra versión de la jácara IX, concretamente la contenida en la edición de 1659 de *Primavera y flor...* Pocas novedades ofrecieron, para el «Añasco», las ediciones de Fernández-Guerra (1907: 305-309), Astrana Marín (1932: 231-232), Hill (1945: 140-142) y Felicidad Buendía (1967: 193-194). El admirable trabajo de José Manuel Blecua, que supuso la primera edición rigurosa y moderna desde el punto de vista filológico, sigue siendo la mejor, en general, de la obra poética de Quevedo y, en particular, de sus jácaras; es de obligada referencia pese a que puede ser matizada y completada, especialmente en lo que se refiere a la anotación de los textos (Blecua, 1971). En cuanto a la edición y anotación de las jácaras quevedianas —y más específicamente de su «Añasco»—, en los últimos años se han venido haciendo algunas aportaciones, entre las que destaca el trabajo de Arellano (2007: 68-74), con valiosas notas, y la edición de la poesía completa de Quevedo desarrollada por el grupo de investigación Francisco de Quevedo de la Universidad de Santiago de Compostela (Rey / Alonso, 2021: 516-519)[61].

De la jácara IX identificó Blecua (1971: 318-327), a partir de los testimonios manejados por él, cinco familias. Yo he de ampliar el número hasta seis. Éstas difieren bastante entre sí, aunque, dentro de cada una, sus testimonios ofrecen pocas variantes. Las he ordenado según los criterios ya comentados:

- A
- B B_1 B_2 B_3 B_4 B_5 B_6 B_7
- C
- D D_1
- E E_1
- F F_1 F_2 F_3 F_4

Las diferencias más acusadas que hay entre las distintas versiones atañen a la omisión o diverso orden de algunas coplas, produciéndose importantes oscilaciones entre las más extensas (*A* y *C*), con 112 versos, y la más breve (*F*), con 72 versos. Tales diferencias pueden observarse con detalle en la siguiente tabla:

61 También se ha dedicado una tesis doctoral a editar nuevamente las jácaras de Quevedo; el mismo autor ha ofrecido después algunas propuestas para una edición digital (Marigno, 2000 y 2010).

A	*B*	*C*	*D*	*E*	*F*
1-4	1-4	1-4	1-4	1-4	1-4
5-8	5-8	5-8	5-8	5-8	5-8
9-12	9-12	9-12	9-12	9-12	9-12
13-16	13-16	13-16	13-16	***21-24***	13-16
17-20	17-20	17-20	17-20	13-16	17-20
21-24	21-24	21-24	21-24	17-20	---
25-28	25-28	25-28	25-28	25-28	25-28
29-32	29-32	29-32	29-32	29-32	29-32
33-36	33-36	33-36	33-36	33-36	33-36
37-40	37-40	37-40	37-40	37-40	37-40
41-44	41-44	41-44	41-44	41-44	41-44
45-48	45-48	***49-52***	---	---	***49-52***
49-52	49-52	***85-88***	---	---	45-48
53-56	53-56	***89-92***	53-56	53-56	53-56
57-60	57-60	***93-96***	57-60	57-60	57-60
61-64	61-64	***97-100***	---	---	---
65-68	65-68	***101-104***	65-68	65-68	65-68
69-72	---	45-48	---	---	---
73-76	73-76	53-56	73-76	---	73-76
77-80	77-80	***61-64***	77-80	77-80	77-80
81-84	85-88	57-60	81-84	81-84	81-84
85-88	89-92	65-68	85-88	85-88	---
89-92	93-96	69-72	---	---	---
93-96	97-100	73-76	---	---	---
97-100	***81-84***	77-80	97-100	97-100	---
101-104	101-104	81-84	101-104	101-104	---
104-108	104-108	104-108	104-108	104-108	---
109-112	109-112	109-112	109-112	109-112	---

Parece claro que las versiones recogidas en las colecciones de romances publicadas con anterioridad al *Parnaso*, desde 1636 hasta 1648 ($EE_1FF_1F_2F_3F_4$), no salieron directamente de la mano de Quevedo, sino que proceden de diferentes tradiciones textuales. Es significativo, además, que todos los poemas incluidos en tales compilaciones aparezcan como anónimos (Campa, 2019: 131-132). En cuanto a las ediciones posteriores al *Parnaso*, mayoritariamente siguen el texto de éste (*B*), añadiendo solo nuevos errores, salvo la *Primavera* de 1659 (F_4), que copia el texto de la edición de 1636 (*F*).

F recoge la versión más breve, de 72 versos, y adolece de cierta incoherencia: el final queda truncado, pues no se narra el castigo sufrido por el rufián —Añasco, ya totalmente borracho, acaba cayendo al río—, que fue una de las situaciones tópicas en todas las jácaras quevedianas (Cabanillas, 2019: 32). Como queda ya comentado, da la impresión de que en esta versión se prescindió de las coplas más conceptuosas y abundantes en juegos de palabras. Parece el caso más obvio de manipulación del texto de Quevedo, acortado seguramente para adaptarlo a un contexto oral.

D contiene otra de las versiones abreviadas —aunque no tanto como la de *F*—, transmitida únicamente de forma manuscrita. Puede ser relevante el hecho de que, exceptuando las omisiones, presente el mismo orden de coplas que *A*.

La versión de *C* ha llegado a nosotros en un solo manuscrito, el 3940 de la Biblioteca Nacional, de buena fecha y que suele ofrecer textos fiables para otras composiciones de Quevedo. Tiene, junto con la de *A*, un total de 112 versos. No obstante, las alteraciones son numerosas y afectan a buena parte de las coplas, de modo que el texto no resulta tan coherente como el de *A*. Puede deducirse cierta relación con la versión de *F*, pues son las dos únicas que coinciden en la alteración de orden en los versos 49-52, que se sitúan tras el 44; además, todos los otros versos que en *C* han cambiado su ubicación (61-64, 85-104) en *F* fueron eliminados. Esto puede ser un indicio de *contaminatio*.

A la versión de *B* le dio prioridad Blecua en su edición, aunque hubo de introducir alguna enmienda de cierta consideración. Es una versión bastante completa —solo omite los versos 69-72— y comparte lecciones con *A* frente a las demás. No obstante, a diferencia de todas las otras versiones, altera el orden de los versos 81-84, situándolos tras el 100. Este cambio produce una ruptura en la serie de *interrogationes* que se suceden en los versos 73-84, la cual podría guardar, además, cierto paralelismo con otra serie en los versos 45-52.

La versión de *A* es, junto con la de *C*, la más extensa, y ha llegado en un solo testimonio manuscrito datable, como queda ya comentado, hacia el primer tercio del siglo XVII. Presenta varias *lectiones singulares* y un orden en las coplas que la independizan claramente. Aunque no está exenta de errores, tras el cotejo con las demás versiones, se deduce que es la más completa y coherente, como trataremos de mostrar a continuación:

«Vuelto sopa de gallo...»

El verso 33 introduce uno de los pasajes más problemáticos, pues hay importantes diferencias entre las diversas versiones:

A	*B*	*E*
y vuelto sopa de gallo,	y vueltos ojos de gallo	y con el ojo de gallo
los ojos como dormidos	los ojos amodorridos,	los suyos amodorridos,
y acostados en el sorbo,	acostados en el sorbo,	acostados en el sorbo,
ya ballesteros, ya bizcos,	ya ballesteros, ya bizcos,	ya ballesteros, ya bizcos,
viendo cerrada la manfla,	viendo cerrada la manfla,	viendo la manfla cerrada,
con telaraña el postigo,	con telaraña el postigo,	con telaraña el postigo,
el patio lleno de yerba,	el patio lleno de yerba,	el patio lleno de yerba,
enternecido le dijo:	enternecido les dijo:	enternecido les dijo:

La versión que recoge el *Parnaso* (*B*) coincide, salvo por algunas variantes de poca importancia, con las de *CDF*. La de *E*, sin embargo, es algo diferente. Y la de *A* se aparta aún más. Pudiendo ser todas correctas, enseguida veremos que la de *A* resulta la lección más convincente.

Convendrá recordar, en primer lugar, que el gallo tuvo un valor simbólico asociado a la lujuria: Covarrubias explicaba que «esta ave es lujuriosa» y «él solo, entre todos los animales, después del coito queda lozano y alegre, porque suele cantar»; por su parte, el *Diccionario de Autoridades* lo describía como «falaz y lujurioso». Esta dimensión simbólica del gallo se pone en relación con la costumbre de coronar al «rey de gallos», dentro del ciclo de Carnaval, que el propio Quevedo describió en un conocido pasaje del *Buscón*[62]. Covarrubias, tras aclarar que Carnestolendas «quiere decir abstinencia de carnes», añadía que «a esta causa se corren entonces los gallos, que son muy lascivos, para significar la lujuria que debe ser reprimida en todo tiempo, y especialmente en la Cuaresma»[63] —conocidas son las

62 «Llegó —por no enfadar— el tiempo de las Carnestolendas y, trazando el maestro de que holgasen sus muchachos, ordenó que hubiese rey de gallos» (*Buscón*, 1.II). Era ésta una costumbre de la que participaban los muchachos; consistía en cortar la cabeza a un gallo que colgaba de una cuerda y había un chico que hacía de «rey de gallos», vestido ridículamente (Caro Baroja, 1979: 77-80).

63 En relación con esta costumbre de «correr gallos» y elegir un «rey de gallos», resultan reveladores algunos datos ofrecidos por Caro Baroja (1979: 82-85): en la provincia de Orense, antes de decapitar al gallo, se recitaban versos burlescos referentes a lo sucedido en el pueblo durante todo el año; una costumbre similar se daba en la provincia de Zamora. No deja de resultar tentadora la comparación de estas prácticas con la literatura vejatoria de la que hemos venido hablando. Tal vez habría en este caso también una alusión al gallo universitario, estrechamente relacionado con el vejamen (Layna, 1991: 160).

disposiciones que se dictaron para evitar el ejercicio de la prostitución durante el periodo cuaresmal—. Sería, pues, una costumbre que señalaba el inicio de la Cuaresma, de modo que la alusión al gallo no parece aquí casual, teniendo en cuenta que Añasco, ya borracho, inmediatamente va a fijar su atención en la mancebía y la encontrará cerrada: si al gallo le cortan la cabeza, Añasco ve frustrados sus lascivos deseos[64]. No hay que descartar, por otro lado, que al valor simbólico del gallo quisiera unir Quevedo la acepción germanesca de *gallo* 'habla, charla, conversación' (Hill, 1949), pues precisamente Añasco está a punto de iniciar su monólogo.

Sin abandonar la dimensión carnavalesca de este pasaje, es fácil interpretar el término *sopa* en relación con la embriaguez —Cejador (2008: 637) recoge la construcción fraseológica «más borracho que una sopa»—. En la obra de Quevedo no es rara la sátira contra el exceso de alcohol —resulta interesante el discurso de un borracho en *OP* 697, que tiene algunas similitudes con el monólogo de Añasco— y sus jaques presentan, como característica habitual, la ingesta de grandes cantidades de vino: «Bébase —me dijo— esta media azumbre de vino puro, que si no da vaharada, no parecerá valiente» (*Buscón*, 3, X), «Beben a fuer de valientes y dicen: "Quien bien bebe, bien riñe"...» (*Vida de la corte*). También es tópica la relación entre consumo de alcohol y deseo sexual.

A la vista de lo que acabo de exponer, se entenderá que la lección de *A* resulte más convincente que las demás, pues con el sintagma «sopa de gallo» se logra una mayor concentración expresiva, aunando dos rasgos esenciales que caracterizan a Añasco: borracho y lujurioso. Se evita, además, la duplicación del sustantivo «ojos» en el verso siguiente, que produce una insípida redundancia en las versiones de *BCDF*.

«...más tomona que ministro»

La lección que ofrece *A* en el verso 60 difiere también de todas las otras versiones, que coinciden casi exactamente con la del *Parnaso* (*B*):

A	*B*
Yo conocí la Chillona	Yo conocí la Chillona
en aquel aposentillo,	en aquel aposentillo,
más tomada que tabaco,	más tomada que tabaco,
más tomona que ministro.	más derretida que cirio.

64 No perdamos de vista, por otro lado, que la jácara probablemente fue compuesta en el contexto del viaje real a Andalucía, entre febrero y marzo de 1624, coincidiendo con los Carnavales y la Cuaresma.

Aunque ambas podrían ser auténticas y *B* parece tener el aval de los *codices plurimi*, no cabe duda de que la versión de *A* resulta preferible. Por un lado, añade el uso de la derivación, que permite introducir, además, nueva información sobre la Chillona: no solo ha mantenido relaciones sexuales con muchos hombres, sino que también es una ladrona. Por añadidura, se desliza una crítica social muy del gusto de Quevedo[65]. En cambio, la versión de *B* redunda en la misma idea del verso anterior y hace que resulte menos ingeniosa. No es inverosímil, por lo tanto, que *A* recoja, bien la única lección auténtica, bien la última versión del autor, pues hace que el verso gane en concentración expresiva e intensidad poética.

«Arrepentida de todos...»

Los versos 69-72 no se recogen en las versiones *BDEF*, pero sí en *A* y *C*, pese a hacerlo con notables diferencias. El hecho de que estos versos se encuentren en ambas versiones, por lo demás tan alejadas, parece apoyar la autenticidad de dicha copla. He aquí el texto en cada una:

A	*C*
Arrepentida de todos,	Arrepentido de toros,
Araña fue en aquel sitio	Araña estaba en el nicho
figón de placer guisado,	hecho figón de guisados,
guardïán de los ombligos.	guardïán de los ombligos.

Tras un detenido examen, *A* parece ofrecernos una lección más coherente. Aquí Araña es una antigua prostituta con la que se completa la serie o catálogo de busconas. Es caracterizada, en primer lugar, por medio de la palabra «arrepentida», que obviamente adquiere un sentido irónico en el texto. Era llamada así «la mujer perdida que, conociendo su yerro, se arrepiente y se vuelve a Dios» (Covarrubias). Como ya dijimos, al comenzar el reinado de Felipe IV se alentó la creación de «casas de arrepentidas» para acoger a estas mujeres. Eran con frecuencia las prostitutas más viejas, viéndose incapaces de seguir ejerciendo el oficio, las que se «arrepentían» ante el altar, públicamente, con la esperanza de entrar al servicio de alguna dama o en un convento. En el texto, «arrepentida de todos» ofrece la irónica estampa de una prostituta muy experimentada que, si ha llegado a «arrepentirse»,

65 En su obra, los ministros de la justicia frecuentemente son acusados de ladrones, entre otras flaquezas morales.

es por haber pecado hasta hartarse[66]. Quevedo transforma el arrepentimiento, por metonimia, en fornicación. Lo vemos confirmado pocos versos más abajo: «costaba el arrepentirse / vellón y no vellocino» (v. 89). Muy vieja ya probablemente, Araña había pasado de ser buscona a ser «madre» de la mancebía, responsable y encargada de gobernar el burdel[67], como «la vieja del arrabal» que se menciona en la jácara II (*OP* 850). El personaje comparte, además, algunos rasgos con la alcahueta del *Entremés de la vieja Muñatones*, esa «figona de culpas que las da guisadas». Por otro lado, el nombre del personaje seguramente remite al léxico de germanía, donde *araña* tuvo la acepción 'buscona, prostituta ladrona'. Con este mismo sentido, se aplica a otra ramera en la jácara XI (*OP* 859): «llamáronme araña y fue / porque andaba tras la mosca». En Quevedo, *araña* suele ponerse en relación con mujeres de diverso tipo —dueñas, viejas, doncellas y busconas— y siempre tiene una connotación negativa[68].

En la versión de *C*, por el contrario, Araña es un personaje masculino, con lo que su nombre pierde el sentido de 'prostituta ladrona'. Bien podría referirse a un «padre» de la mancebía, pero esto en cierta medida rompe la serie formada únicamente por putas. En cuanto al «arrepentimiento», queda despojado de aquella ironía que daba a la copla gran parte de su atractivo. Aquí, «arrepentido de toros» —Blecua leyó «tiros»— carece de sentido. Incluso si aceptásemos la lección «tiros» —en germanía, 'engaños'—, nos devolvería la insulsa estampa de un hombre que no desea seguir engañando.

66 Una idea similar encontramos en este pasaje de *El alguacil endemoniado*: «—¿De cuáles se condenan más, feas o hermosas? —Feas —dijo al instante— seis veces más, porque los pecados, para cometerlos, no es menester más que admitirlos, y las hermosas, que hallan tantos que las satisfagan el apetito carnal, hártanse y arrepiéntense, pero las feas, como no hallan nadie, allá se nos van en ayunas y con la misma hambre rogando a los hombres...».

67 No ha de extrañar que, tratándose de un personaje femenino, Quevedo recurra a sustantivos masculinos para caracterizarlo —«figón», «guardián»—, pues con ello contribuye a su degradación, como sucede en otros de sus textos: en el romance «Advertencias de una dueña a un galán pobre» (*OP* 713) se describe a la dueña como «lechuzo de réquiem» y «descomulgado avechucho, / Caín de tantos Abeles, / mula de alquiler con manto, / chisme revestido en sierpe»; en el romance LXXVIII del *Parnaso*, una buscona despide a su amante diciendo que «aquí tendrá de mampuesto / unos cuantos sacrificios, / y en mí y en señora madre, / dos capellanes lampiños».

68 Así, en el «Epitafio de una dueña» (*OP* 571) se dice de ésta que «tuvo más enredos que una araña». En el poema «Reprehende en la araña a las doncellas» (*OP* 571) encontramos: «Si en no salir jamás de un agujero, / si en estar siempre hilando te imitaran / las doncellas, oh araña, se casaran / con más ajuar y más doncel dinero. / Imitan tu veneno lo primero, / luego tras nuestra mosca se disparan...». En una de las letrillas (*OP* 662) podemos leer: «Por angelito creía, / doncella, que almas guardabas, / y eras araña que andabas / tras la pobre mosca mía...».

«...el melindre del marido»

La variante que se localiza en el verso 84 también enfrenta *A* con las demás versiones, muy similares a la del *Parnaso* (*B*):

A	*B*
Los deseos supitaños	Los deseos supitaños,
del colérico apetito,	el colérico apetito,
¿adónde irán, que no aguarden	¿adónde irán que no aguarden
el melindre del marido?	el melindre o el marido?

Aunque podría pensarse en un error por mala lectura del copista, dada la semejanza gráfica de las secuencias *o el* y *del* —más aún si la *d* es de tipo uncial—, lo cierto es que la lección de *A* resulta igualmente verosímil en un sentido irónico —y más divertida—. Considérese que, en ausencia de mancebías, tras el cierre decretado por la premática real, la prostitución pasó a ejercerse de manera encubierta o clandestina, en muchos casos por parte de mujeres casadas. Eran las llamadas «mujeres libres», que con frecuencia dependían de un marido consentidor, llamado «coronado» (Hernández / Sanz, 1999: 156), «marido cartujo» —por consentir con su silencio (Asensio, 1971: 188)—, «aprovechado», «industrioso», «maridillo» o simplemente «marido» (Cantizano, 2007: 62-74). Se alude a ello con frecuencia en la literatura del Siglo de Oro y, particularmente, en la producción de Quevedo —solo en su obra poética, podemos citar como ejemplos más palmarios *OP* 555, 592, 593, 715, 716, 721—. En su *Vida de la corte*, a este «marido» le dio el nombre de *sufrido*:

> Cásanse con mujeres traídas de señores y gente poderosa; danles en dote alguna ocupación de ausencia para que se entretengan algunos meses fuera de la Corte. Cuando están en ella, tratan de irse a la casa de juego, comedia o prado, para dar lugar al despacho. Si tienen mujer hermosa, son conocidísimos, no hay persona de cuenta que no les quite el sombrero y agasaje y ofrezca su favor y amparo. Duermen, a fuer de príncipes, en cama aparte (y esto les tiene cuenta); comen regaladamente, tienen honrados despenseros, y en casa usan de gran silencio por no inquietar al huésped y espantar la caza.

A esta circunstancia parece referirse irónicamente, en el texto de *A*, ese «melindre del marido». Para las connotaciones que podría añadir la palabra *melindre*, véase la definición que daba Covarrubias a *putería*: «la casa de las malas mujeres o el melindre de las tales».

Orden de coplas

Como hemos podido comprobar, entre las distintas versiones se observa una considerable variación en lo que se refiere al orden de las coplas centrales, que admiten gran movilidad sin que se resienta claramente la verosimilitud del texto. No obstante, centraremos nuestra atención en uno de los pasajes que pueden suponer una alteración significativa del sentido.

Recordemos que la jácara IX, según queda comentado, se caracteriza por las frecuentes estructuras paralelísticas. Así, tras el apóstrofe que señala el objeto de lamento del jaque (versos 41-44), se introduce una serie de *interrogationes* que constituyen una parodia del tópico *ubi sunt*. Y aquí las distintas versiones difieren en el orden y el sentido de los versos:

- *F* antepone los versos 49-52, a los que siguen dos interrogaciones retóricas: «¿Qué se hizo...?» y «¿Dónde fue...?» (versos 45-48).
- *C* también antepone los versos 49-52, pero aleja 45-48 para situarlos detrás del 104.
- *D* suprime todos estos versos (45-52).
- Tanto *A* como *B* sitúan los versos 45-52, en ese orden, inmediatamente detrás del 44. No obstante, en el verso 49, *B* lee «en donde» por «adonde», que es la lección de *ACEF*.

Podría interpretarse esta última lección de *B* como locución que introduce una respuesta a la pregunta precedente —«¿Dónde fue el pecar a bulto...?» > «En donde los cuatro cuartos...»—, pero esto exigiría aceptar «fue» como forma del perfecto simple de *ser*. Sin embargo, para que el texto resulte coherente, «fue» ha de leerse como forma del verbo *ir*. Parece probable, por tanto, que se trate de un error, como ya observó Blecua. Por esa razón, don José Manuel decidió enmendar, sin duda a la vista de *F*, moviendo toda la copla (versos 49-52) y situándola tras el verso 44. Obviamente, él no tuvo a la vista el testimonio *A*, que habría podido avalar una solución más sencilla, manteniendo los versos 49-52 en la ubicación que tienen en *A* y *B*, como veremos a continuación. Tras examinar los diversos testimonios, contemplo como lecturas más plausibles las siguientes:

a) Los versos 49-52 siguen al 44, según la versión de *F*, y *adonde* es un relativo que remite al antecedente «paradero de vicio».
b) Se mantiene el orden de los versos 41-52, como en *A* y *B*, y *adónde* es adverbio interrogativo. Hay una elipsis de la forma verbal —«fueron»—. La pregunta viene a completar la serie de interrogaciones retóricas caracterís-

ticas del *ubi sunt*, aquí parodiado: «¿Qué se hizo tanto padre...?», «¿Dónde fue pecar a bulto...?», «¿Adónde [fueron] los cuatro cuartos...?». Podría reconocerse, además, cierto paralelismo con otra serie de tres *interrogationes* en los versos 73-84, como ya apuntábamos: «¿Dónde irá tanto calcillas...?», «¿[Dónde irán] los bribones de la culpa...?», «¿Adónde irán, que no aguarden...?».

A

¡Oh mesón de las ofensas!
¡Oh paradero de vicio,
en el mundo de la carne,
para el diablo, baratillo!
¿Qué se hizo tanto padre
de solo apuntados hijos?
¿Dónde fue pecar a bulto
—si más fácil, menos rico—?
¿Adónde los cuatro cuartos?
Han sido, por muchos siglos,
ahorro de intercesiones,
atajo de laberintos.

F

¡Oh mesón de las ofensas!
¡Oh paradero del vicio,
en el mundo de la carne,
para el diablo, baratillo;
adonde los cuatro cuartos
han sido, por tantos siglos,
ahorro de intercesiones,
atajo de laberintos!
¿Qué se ha hecho tanto padre
de solo apuntados hijos?
¿Dónde fue el pecar a bulto,
si más fácil, menos limpio?

NUESTRA EDICIÓN. CRITERIOS

Editamos la versión recogida en el testimonio *A*, enmendando *ope codicum* dos errores evidentes. Las abreviaturas quedan resueltas sin indicación expresa. Se modernizan las grafías, reduciendo las consonantes del antiguo sistema fonológico y adaptándolas a la norma actual. Modernizamos, pues, la serie *b / v*, *s / ss*, *c / ç / z*, *g / j / x* , que a comienzos del siglo XVII ya estaba en crisis. También normalizamos el uso de *m* para la implosiva ante *b / p*, así como el de *h* y *q*, según criterios actuales. Finalmente, regularizamos la separación y unión de palabras e introducimos la acentuación y el reparto de mayúsculas según los criterios académicos modernos.

Se reservan las notas al pie para aclarar términos o acepciones en desuso o de uso poco frecuente y, especialmente, algunos juegos de palabras sometidos a los resortes de la agudeza conceptista, para lo cual se ofrece el apoyo de testimonios oportunos. Los *instrumenta* de anotación, que se citan abreviadamente, son los siguientes:

Autoridades: Real Academia Española, *Diccionario de la lengua castellana*, Madrid, Francisco del Hierro, 1726-1739.

Correas: Gonzalo Correas, *Vocabulario de refranes y frases proverbiales (1627)*, ed. L. Combet, Burdeos, 1967.

Covarrubias: Sebastián de Covarrubias, *Tesoro de la lengua castellana o española*, Madrid, Luis Sánchez, 1611.

Fraseológico: Julio Cejador, *Diccionario fraseológico del Siglo de Oro*, Barcelona, Serbal, 2008.

Hidalgo: Juan Hidalgo, «Vocabulario de germanía», en *Romances de germanía*, Barcelona, Sebastián de Comellas, 1609.

Léxico: José Luis Alonso Hernández, *Léxico del marginalismo del Siglo de Oro*, Salamanca, Universidad, 1977.

Terreros: Esteban de Terreros y Pando, *Diccionario castellano*, Madrid, viuda de Ibarra, 1786-1788.

ROMANCE A LA MANFLA DE DON FRANCISCO DE QUEVEDO

Añasco el de Talavera,
aquel hidalgo postizo
que en los caminos, de noche,
demanda[1] para sí mismo;
quien no tuvo cosa suya,
sin ser liberal ni rico[2],
hallador de lo guardado,
santiguador de bolsillos[3];
el que en Medina del Campo
hizo de vestir al vino,
sastre de azumbres y arrobas,

1 *demandar*: 'en estilo jocoso, hurtar' (*Autoridades*).

2 *no tener cosa suya*: 'puede aplicarse al muy pobre, al manirroto, al pródigo' (*Fraseológico*). Aquí se juega con esta locución, dándole un sentido irónico similar al que adquiere en el *Buscón* (3, II) cuando se alude al miserable caballero don Toribio y a sus muchos acreedores: «...era tan amigo de sus amigos que no tenía cosa suya». Añasco no tuvo nada suyo porque todo lo había robado.

3 *santiguador de bolsillos*: 'ladrón' (*Léxico*).

ropero de blanco y tinto[4];
con el cuello en el sombrero[5],
en la espada el capotillo[6],
lenzuelo por guardasol,
a la brida en el camino[7],
por daga la calabaza[8],
puñal de la sed büido,
desmallador[9] de los quesos,
pasador de los chorizos[10];

---

4 Por un lado, se estaría apuntando al verdadero oficio de este «hidalgo», botero o fabricante de pellejos y botas para el vino, un oficio vil que él intenta disimular o disfrazar. Quevedo fue muy crítico con esa actitud: «Pues todo es hipocresía. Pues en los nombres de las cosas, ¿no la hay la mayor del mundo?... el botero, [se llama] sastre del vino, que le hace de vestir...» (*El mundo por de dentro*). Por otro lado, hay en el término *sastre* un claro matiz irónico, pues la lengua germanesca le dio el sentido de 'ladrón'. Los sastres, en el siglo XVII, tenían muy mala fama, eran siempre sospechosos de engañar o robar a sus clientes. Se quiere dar la impresión, por tanto, de que Añasco no es más que un ladrón de vino.

5 Puede explicarse, con Arellano (2007: 69), que Añasco había colocado el cuello en el sombrero para evitar que se ajara durante el camino. Pero no hay que descartar que se quiera exagerar aquí el tamaño del sombrero, el cual, echado hacia atrás, topaba con el cuello. Encontramos buen testimonio del rufianesco y desmesurado sombrero, hiperbólicamente comparado con una sombrilla, en el jayán que Pablos encuentra en cierta posada (*Buscón*, 2, I) ataviado «con un sombrero enjerto en guardasol» —el verso 15, «lenzuelo por guardasol», puede sugerir que el sombrero se hace aún mayor mediante un pañuelo, de manera que se asemeja a una sombrilla o quitasol—. Quevedo, que con frecuencia censuró a quienes presumen luciendo grandes cuellos u otros adornos, se burlaba de esos «caballeros hebenes» que, en el *Buscón* (3, II), ofrecían a Pablos un remedio para disimular el mal estado de su cuello: «El cuello está trabajoso por detrás y por los lados... traiga siempre el sombrero caído sobre el cogote, de suerte que la falda cubra el cuello».

6 La espada bajo el capotillo formaba parte de la imagen tópica del jaque: «como estaba hecho al trato de las almadrabas, donde se ejercita todo género de rumbo y jácara y de extraordinarios juramentos y boatos, voleó allí el capelo y empuñó un puñal que debajo del capotillo traía...» (Cervantes, *La ilustre fregona*).

7 *ir a la brida* 'con los estribos largos', tendría aquí un valor metafórico y un sentido irónico. Añasco iba con las piernas extendidas y separadas, como si cabalgara sobre el camino, pues viajaba a pie, lo cual era de esperar en un caballero sin caballo, un «hidalgo postizo». Se puede poner en relación con el sentido simbólico que tendría el caballo, en la obra de Quevedo, como atributo de nobleza (Bataillon, 1982: 210). Por otro lado, las piernas separadas y algo arqueadas, como yendo a horcajadas, parece postura habitual en los rufianes: así los «valientes de mentira», en la *Vida de la corte*, que «dejan caer la capa, calar el sombrero, alzar la falda, ponerse embozados y abiertos de piernas...».

8 *calabaza*: 'botija que se hace de cierta especie de calabaza y sirve para llevar vino' (*Autoridades*). Puede entrañar también diversas connotaciones, pues *calabacero* era, en la lengua de germanía, 'ladrón' (Hernández / Sanz, 1999: 124), y *calabaza* era 'ganzúa' (Hidalgo).

9 *desmallador*: 'puñal capaz de atravesar la cota de malla' (*Léxico*).

10 *puñal... chorizos*: como si fuera un arma, la calabaza llena de vino ha sido aguzada por la sed, que se provoca con el consumo de alimentos fuertes y salados, como el queso o el chorizo. La

cuando el dios calentador,
Barbarroja[11] de epiciclos,
en la contera[12] del mundo
se está haciendo mortecino[13],
después de soplar un canto
para sentarse más limpio,
habiendo con el pañuelo
deshollinado el hocico,
desabotonando un trago
a la par con el vestido,
a puras calabazadas
se descalabró el gallillo[14]
y, vuelto sopa de gallo[15],
los ojos como dormidos
y acostados en el sorbo,

costumbre de provocar la sed con cierto tipo de comida, entre los borrachos, reaparece en otras obras de Quevedo: «Vino pescado y carne, y todo con apetitos de sed» (*Buscón*, 3, X).

11 Como en otros textos quevedianos —por ejemplo, *OP* 536—, el dios Apolo queda asociado al color rojo, que tiene siempre connotaciones negativas —rojo es también el pelo del diablo y el del corsario turco Barbarroja, que tanto perjuicio causó al Imperio español—. Aquí parece relacionarse con el color del rostro tras la ingesta de alcohol e incluso con la excitación sexual. Es también color del escabeche, elaborado con hojas de laurel, que recuerda el episodio mitológico de Apolo y Dafne, como en *OP* 537, donde la ninfa «en cortezas duras / de laurel se ingirió contra sus tretas / y, en escabeche, el Sol se quedó a escuras». Por otro lado, la llegada de la noche seguramente entraña también un valor simbólico en relación con el vicio y el delito: Añasco roba «en los caminos, de noche» y llega junto a la mancebía al caer el sol.

12 *contera*: 'por traslación, la parte última de alguna cosa' (Terreros).

13 *hacerse mortecino*: 'fingirse muerto' (*Fraseológico*). El dios Sol se finge muerto porque está anocheciendo. Puede haber también una alusión a cierto género de broma, similar a la *culebra*, que se daba en el ámbito carcelario (Rodríguez Marín, 1918: 26).

14 El juego de palabras involucra dos acepciones de *calabazada*, 'golpe que se recibe en la cabeza' y 'las veces que se pone la calabaza en la boca para beber' (*Autoridades*), que a su vez permiten introducir el metafórico «descalabro» del galillo.

15 *vuelto sopa de gallo*: 'borracho y lascivo'. Para más detalles acerca del valor simbólico del gallo, véase el estudio introductorio.

ya ballesteros, ya bizcos[16],
viendo cerrada la manfla,
con telaraña el postigo,
el patio lleno de yerba,
enternecido le dijo:
«¡Oh mesón de las ofensas[17]!
¡Oh paradero de vicio;
en el mundo, de la carne,
para el diablo, baratillo!
¿Qué se hizo tanto padre
de solo apuntados hijos[18]?
¿Dónde fue pecar a bulto[19]
—si más fácil, menos rico—?
¿Adónde los cuatro cuartos[20]?
Han sido, por muchos siglos,
ahorro de intercesiones,
atajo de laberintos.
En ti trataba el dinero,
como quien es, al delito,
valiendo unas bubas menos
que una libra de pepinos[21].
Yo conocí la Chillona
en aquel aposentillo,

16 *ya ballesteros, ya bizcos*: parece describir dos formas de estrabismo, el convergente —«bizcos»— y el divergente —«ballesteros»—. En el segundo caso, se recurre a una metáfora que tiene como término imaginario la forma de la ballesta cuando se tensa, pues genera dos arcos divergentes con la verga y la cuerda. Probablemente *bizcos* entraña también connotaciones morales, tal como explicó Crosby (1993: 340-351) en relación con ciertos chistes derivados del juego de palabras *tuerto / bizco*.

17 El burdel recibe también ese nombre en *OP* 856: «en el mesón de la ofensa».

18 Probablemente se juega con dos acepciones de *padre*, 'proxeneta, responsable de la mancebía' y 'hombre que ha engendrado hijos', ironizando con el hecho de que los hijos habidos con prostitutas, por ser ilegítimos, están «solo apuntados».

19 *a bulto*: 'por mayor, indistintamente, sin separar una cosa de otra' (*Autoridades*).

20 *cuatro cuartos*: era la paga habitual que por entonces recibía una prostituta de sus clientes (*Léxico*).

21 Las bubas o tumores sifilíticos, en la piel del enfermo, presentan un aspecto tuberculado similar al del pepino.

más tomada que tabaco,
más tomona que ministro[22].
¿Quién vio la Maldegollada,
rodeada de lampiños[23],
cobrar el maravedí
después de los dos cuartillos[24]?
La Chaves —Dios la dé gloria—,
me parece que la miro
pasar parches por lunares
y gomas por sarpullido.
Arrepentida[25] de todos,
Araña fue en aquel sitio
figón[26] de placer guisado[27],
guardïán de los ombligos[28].
¿Dónde irá tanto calcillas[29],

22 Juego de palabras: *tomar* 'consumir el tabaco, aspirándolo por la nariz' y 'cubrir el macho a la hembra'; *tomona* 'ladrona'.

23 Quienes más frecuentaban en el siglo XVII los burdeles eran jóvenes, especialmente los estudiantes. La barba simbolizaba experiencia, edad y juicio; por el contrario, un hombre lampiño se tenía por inexperto.

24 El juego de palabras se desarrolla a partir de los diversos sentidos que sugieren *maravedí* y *cuarto*, antiguas unidades monetarias de escaso valor. En primer lugar, el cobro del maravedí remite al llamado *maravedí de la carne*, que fue un impuesto indirecto cobrado antiguamente por el comercio de carne, según ciertas cantidades; aquí adquiere, obviamente, un sentido irónico, apoyado en la acepción de *carne* 'cuerpo humano, enemigo del alma que inclina a la sensualidad y lascivia'. Con el término *cuartillos*, la dilogía apunta en el mismo sentido: 'moneda que equivale a la cuarta parte de un real' y 'cuartos traseros de la prostituta'. Como dijimos, la paga habitual que recibía la prostituta era, entonces, de cuatro cuartos; sus «cuartos traseros», en una evidente animalización, eran los que permitían a la buscona ejercer este oficio. Explica Alonso que «el cuarto se convirtió en el símbolo de la paga de prostituta o la saca de la buscona quizá bajo la influencia del frecuente juego de palabras» (*Léxico*).

25 Para el sentido irónico de «arrepentida», véase el estudio introductorio.

26 *figón*: 'bodeguero' (Covarrubias).

27 *guisado*: 'mancebía' (Hidalgo).

28 *ombligo*: 'vagina'. Del mismo modo, *cortar el ombligo* 'quitar a alguien la virginidad' (Correas).

29 *calcillas*: «llama el vulgo a los que son impertinentes y temerosos, y a los que son pequeños de cuerpo, en quien sobresalen mucho los calzones» (*Autoridades*); «hombre tímido y apocado; referido sobre todo al que mantiene relaciones con una prostituta —la *calza*— sin ser rufián» (*Léxico*). Cejador recoge la expresión fraseológica *ponerle calcillas* y cita: «Dando ocasión a que todos le pongan la calcilla y le tengan por vano» (*Fraseológico*).

pecadores de improviso
que, a lo de porte de cartas[30],
compraban los parasismos[31]?,
¿los bribones de la culpa
que acudían los domingos
a la sopa del demonio,
bordoneros de entresijos[32]?
Los deseos supitaños
del colérico apetito[33],
¿adónde irán, que no aguarden
el melindre del marido?
Sin prólogo de criados
gozaron los mal vestidos,
ni dueña pidió aguinaldos
ni escudero vendió silbo[34].
Costaba el arrepentirse
vellón y no vellocino[35],

30 La paga de una prostituta era muy baja, similar a la del porte de una carta. Parece sugerir un juego de palabras a partir de *posta* 'casa donde están apostados los caballos para que los correos vayan de una parte a otra' y 'mancebía' (Hernández / Sanz, 1999: 152).

31 *parasismos*: «Los accidentes del que está mortal, cuando se traspone, los llamamos vulgarmente parasismos» (Covarrubias). En el texto, se deduce que los paroxismos serían consecuencia de una enfermedad venérea.

32 Coincido con la explicación que ofrece Arellano (2007: 72): «los clientes del lupanar se comparan con los pobres que iban a tomar la sopa de limosna a los conventos». Si *bribón* o *bribión* es «el hombre perdido que no quiere trabajar, sino andarse de lugar en lugar y de casa en casa, a la gallofa y la sopa», y *gallofo* puede definirse como «el pobretón que, sin tener enfermedad, se anda holgazán y ocioso, acudiendo a las horas de comer a las porterías de los conventos, adonde ordinariamente se hace caridad, y en especial a los peregrinos» (Covarrubias), «bribones de la culpa» serán los que acudan a la «sopa del demonio», esto es, la que ofrece el pecado de la carne, en el burdel. Por su parte, *bordonero* es «el que, disimulado con el hábito de peregrino y el bordón, anda vagando por el mundo por no trabajar» (Covarrubias) y *bordonera* es 'prostituta de baja calidad' (*Léxico*); si *entresijo* «vulgarmente se toma por el medio del cuerpo y que está debajo del vientre» (*Autoridades*), parece obvia aquí la alusión al sexo mercenario. El juego de alusiones burlescas semánticamente relacionadas con lo religioso se completa con las visitas dominicales al burdel, pues estaba teóricamente prohibido ir los domingos, aunque en la práctica terminaron siendo los días de mayor concurrencia (Moreno / Vázquez, 1997: 43-45).

33 *colérico*: 'fogoso o acelerado' (Covarrubias). Se alude al deseo sexual.

34 *silbo*: en el habla germanesca, 'delación, aviso, confidencia', del mismo modo que *silbar* 'delatar' o *silbato* 'soplón, delator'. En la lengua de germanía, todo lo referente a la delación entra en el campo semántico de 'aire' (Hernández / Sanz, 1999: 124).

35 Juego de palabras: se oponen *vellón* 'aleación de plata y cobre', aludiendo a la moneda de escaso valor con que se podía pagar el servicio de una prostituta, y *vellocino* —por sinécdoque, oro—,

hizo el infierno barato[36],
los diablos fueron amigos.
Era el pecado mortal
en ti de lindo[37] capricho,
pues por cualquiera cascajo
nos dejaban meter ripio[38].
La esperanza quitó el "luego"[39],
los celos quitaba el sitio;
poco dinero, la paga[40];
el "entre", mucho martirio.
Pecados de par en par
ya se acabaron contigo
y, no siendo menos, son
más caros y más prolijos.
Aquí fue Troya[41] del diablo,

---

en alusión al que fueron a buscar Jasón y los argonautas. Además, la locución germanesca *del vellón* designaba al conjunto de las prostitutas (Hernández / Sanz, 1999: 166). Comentado queda en la introducción el sentido que adquiere *arrepentirse*, por metonimia.

36 Una idea habitual en Quevedo: «Consideré cuán caro me costaba el infierno, que a otros se da tan barato y en esta vida, por tan descansados caminos» (*Buscón*, 3, IX).

37 Para los matices que puede aportar el adjetivo *lindo*, en la obra de Quevedo, véase lo que en la *Vida de la corte* nos dice sobre las *figuras lindas*: «Conténtanse con andar espetados y fingir valimientos de sus amos; traen grandes lienzos, ligas de rosetas, sombrero muy bruñido, un listón atravesado, un palillo en la oreja. De día enamoran, de noche se espulgan; comen poco, porque la ración se convierte en sustentar golillas, medias y cintas, pero no el estómago, el cual se pasa los más de los días en solo repasar un plato de la mesa de su amo; usan camisas solo por el buen parecer». En el texto, se subraya la frivolidad mediante el contraste entre «pecado mortal» y «lindo capricho».

38 *cascajo* permite un juego de palabras mediante las acepciones 'conjunto de piedras menudas' y 'moneda de vellón, de escaso valor' (*Autoridades*); era una imagen muy del gusto de Quevedo (Crosby, 2005: 230). Paralelamente, *ripio* 'fragmentos de piedra que se utilizan, en construcción, para rellenar huecos' adquiere en el texto sentido figurado mediante la expresión *meter ripio* 'copular' (Arellano, 2007: 73). En resumidas cuentas: 'es posible contratar el servicio de una prostituta por muy poco dinero'.

39 *luego*: 'prontamente, sin dilación'.

40 *paga*: la escasa retribución que recibe la prostituta.

41 *Aquí fue Troya*: «Cuando se ofrece dificultad, y más se dice burlando» (Correas). Comentado queda en la introducción el sentido irónico con que se introduce aquí el motivo de las ruinas de Troya y Cartago.

aquí Cartago de esbirros[42],
aquí cayó en un barranco[43]
el género femenino».
Levantose de tres veces[44]
y, mal despierto de cinco,
llevando el vino muy mal,
pegó mosquitos al río[45].

ERRORES

23 en la] que en la
61 Maldegollada] Maldesollada *Aunque podría ser verosímil «Maldesollada», en relación con las acepciones de* desollada *'sinvergüenza, descarada', 'prostituta, buscona', es más probable que se trate de un error de copia. Todos los testimonios de las otras versiones leen «Maldegollada», apelativo empleado por Quevedo para nombrar a busconas en diversas composiciones (OP 850, OP 869, la jácara inserta en* Pero Vázquez de Escanilla*).*

42 *esbirro*: 'corchete, ministro de justicia' (Covarrubias). En la obra de Quevedo, el esbirro o corchete representa lo más abyecto y despreciable de la sociedad, aparece siempre descrito como delator, ruin y desalmado. Les atribuye trato indecente o corrupto con prostitutas en diversas composiciones: *OP* 850 (versos 61-64) y *OP* 851 (versos 23-26).

43 Además de su sentido literal, *barranco* parece aludir a un hecho histórico concreto: explicaba Navarro Fernández (1909: 79-81) que las prostitutas expulsadas de la mancebía madrileña, durante el reinado de Felipe IV, «emigraron hacia el barranco de San Juan de Dios» y que aún en el siglo XVIII recibían el nombre de «damas del barranco».

44 Juego de palabras: *de una vez* 'con una sola acción o de un golpe', *vez* 'cantidad que se bebe de un golpe' (*Autoridades*).

45 Tal como podemos leer en *Autorid*ades, los mosquitos «se crían en el vino o vinagre» y «por alusión, llaman [mosquito] al que acude frecuentemente a la taberna». Añasco ha bebido tanto que atrae más mosquitos que el río.

TEXTOS DE ANTONIO HURTADO DE MENDOZA

Recogemos a continuación los dos textos de Antonio Hurtado de Mendoza que contiene el manuscrito M037. Las abreviaturas se resuelven sin indicación expresa. Modernizo las grafías, siempre que no suponga alteración de valores fonológicos, de acuerdo con la norma académica. Se ha regularizado la división de palabras siguiendo los usos actuales. Respetamos las formas *deste* y *dél*, pero añadimos apóstrofe cuando se produzcan fusiones por fonética sintáctica (*m'entré*). Se modernizan acentuación y puntuación, así como el uso de mayúsculas, de acuerdo con las normas académicas. Suplimos alguna grafía, en caso de error evidente, insertándola entre corchetes. El texto tachado en el manuscrito, si aún puede leerse, lo recogemos entre paréntesis agudos < >. Presentamos, a pie de página, las variantes textuales con respecto a las ediciones de A. Madroñal y Benítez Claros, respectivamente:

M: Abraham Madroñal, «De grado y desgracias». Vejámenes universitarios de los Siglos de Oro, Madrid, CSIC, 2005.

B: Rafael Benítez Claros, *Obras poéticas de don Antonio Hurtado de Mendoza. Tomo III*, Madrid, Real Academia Española, 1948.

[Vejamen de unos grados que se iba a dar en Sevilla en marzo de 1624, ante el rey Felipe IV]

[...] Y saliendo deste pardo bosque, me subo al monte de[1] Guadarrama de la de su señor el duque del Infantado, tan gran señor que nos refieren que tiene tantas villas como tres veces días el año, y es corto encarecimiento, pues tiene tantos vasallos como barbas autorizada[2] y venerable persona, que no podemos murmuralle[3] sino lo que es en ella hermosura. Ya que hemos subido este nevado[4] puerto del dios padre de los Mendozas, decendamos[5] a la Castilla Vieja de don Agustín Mexía y don Fernando Girón, aunque el uno andaluz y el otro casi estremeño, que después de haber hecho tantas hazañas en Flandes y en Francia, parece que viene Su Majestad a pelear con el rey Búcar, pues trae estos dos cides embalsamados. Y no me acusen lo que[6] me valgo contra todos de la calunia de la vejez, que este es vejamen y no tengo otra verdad con que ofendellos, y agradézcame el auditorio que perdone[7] el vulgar conceto de barbacanas de la fortaleza real.

Si nuestro conde de Palma hubiera venido en la jornada, aquí le habíamos de topar aunque más se escondiera en su sombrero (pudiera hacerlo en solo mi bonete). Engáñase quien dice que es viejo, porque aquel tallecito pulidito, gentilito, y aquellos dijes, mucho le ayudan a lo niño. Un encarecimiento quiero hacer de lo que le[8] aman todos, que es tanto como merece, pero ¿qué mucho?, si ha muchísimos[9] años que los obliga él a que los[10] quieran bien. Y[11] acabemos[12] de pasar el invierno destos señores con el Nuño Salido del señor infante, el buen conde de Alcaudete, tan cuidadoso pedagogo que solo le pudiera dividir de su amo la cuesta de Linares, y llorando la desesperada ausencia dicen que mandó aquella noche a un criado largón que tiene[13] que le cantase: «Montañazas[14] de Linares, / ¿para qué os ponéis en medio?, / que entre un conde y un infante / nadie se puso discreto». Pero

1 monte de] nevado *M*
2 autorizada] autorizadas *M*
3 murmuralle] mormuralle *M*
4 nevado] cano *M*
5 decendamos] descindámonos *M*
6 lo que] de lo que *M*
7 perdone] perdono *M*
8 le] lo *M*
9 muchísimos] muchos *M*
10 los] lo *M*
11 Y] Ya *M*
12 acabemos] acabamos *M*
13 largón que tiene] que tiene largón *M*
14 Montañazas] Montañas *M*

con tanta lamentona[15] quedó desacreditada la vigilancia y soldadesca de Orán, tan vinculada en su casa porque perdió a su[16] infante pero no sus chinelas.

Ya descubrimos el rojo campo del cardenal Zapata, que bermejea, no por más mozo sino por más florido en su verdor. Le miramos en estas selvas, cuando el *transeat a me calix iste* allí padeció la segunda mortifi<cación>cación de sus años, que la primera la llevó el colegio; después resucitó casi al tercero día y subió al cielo de tantas dignidades. Bájome de la alegoría. Pocos sujetos han dado pasos por tantas sendas: de mayorazgo, de estudiante, de colegial, de canónigo, de obispo duplicado[17], de arzobispo, de cardenal, de virrey, de consejero, y siempre en gracia de Dios, del papa y[18] del rey, de todos y suya. Dije que me bajaba de la alegoría, porque me estaba acechando el Patriarca, que es también inquisidor y trescientas[19] cosas más, todas por cierto merecidas de su virtud. En la vida de la reina nuestra señora fue el mejor escritor <de palacio> eclesiástico[20] de palacio, hasta que entró en la capilla galán[21] bonete de don Juan de Fonseca, que es el varón que más doctamente ha corrido la cortina a príncipe, y préciase de que ha estudiado esta ciencia latamente, jurando que los sumilleres griegos no supieron palabra, y pruébalo con cuatro mil autores que Francisco de Rioja no los da por clásicos, y agora[22] se espera que publicará un tratado contra el deán de Jaén, que fue eminente en esta facultad. Y se ocupa estos días en averiguar quién fue[23] el primer poeta que, pintando al alba, corrió al sol la cortina, y en darnos a entender que no es isla el Ponto. ¡Alumbre[24] el Spíritu Santo[25] cosa tan importante y encamine tan ilustre y feliz ingenio a materias iguales a él! ¡Oh pobre de mí, que antes del semblante de cuaresma del Patriarca habíamos[26] de ver la cara de pascua de monseñor Nuncio, lindo[27] bultazo de pontífice que va sembrando con su vista indulgencias y jubileos, y de su salud parece que se ha fabricado toda su persona. Él ha sido nuncio en gracia de España y en gloria de Roma, y los del barrio de San Pedro

15 tanta lamentona] tanto lamento no *M*
16 su] un *M*
17 duplicado] *om. M*
18 y] *om. M*
19 trescientas] treinta *M*
20 eclesiástico] escolástico *M*
21 galán] el galán *M*
22 agora] ahora *M*
23 fue] fuese *M*
24 Alumbre] Alúmbrele *M*
25 Spíritu Santo] cielo *M*
26 habíamos] habemos *M*
27 lindo] oh, lindo *M*

y San Andrés[28] de Madrid se quedan con una imagen suya para sacalla[29] en procesión cuando venga un monseñor desagradable.

Temiendo la ira de[30] los seglares, m'entré en la Iglesia, y agora[31], con miedo de los prestes, me salgo a los legos[32]. Y[33] bien pudieran entrar aquí algunos licenciados. La Cámara del Rey solía presumir de literata[34], pero después que faltó el príncipe de Esquilache no hay ningún teólogo, aunque el marqués de Castel Rodrigo me aseguran que es aficionado, y en ser amigo de libros ya tiene entendimiento y crédito[35] en ser hijo de su padre y alábanlo[36] en lo portugués (como a fraile) que no[37] lo parece. Yo creí que era castellano, que no he topado mayor pesadumbre que decille saldrá consumadísimo en Teulogía[38] de la casa de su cuñado el duque de Alcalá, que viendo que sus abuelos han hecho ilustres edificios en esta ciudad (el de la Sangre, el de las Cuevas y su hermosa casa), quiere él fundar un hospital de teólogos y hacer una capilla a la imagen de la Soledad.

El Almirante sabe lo que le agradecerá[39] su agüelo[40], el rey don Alonso, qu'es ser bueno y gran señor. Un poquito va engordando Su Excelencia, y[41] en lo entendido le halló testigos la acogida a los que lo son, que no es inorante quien[42] favorece a los sabios.

Del[43] conde de Santisteban[44], protítulo[45] del reino de Jaén, cuentan que se puso en Madrid en oración para que el cielo le previniese de milagro su tierra en el hospedaje de Su Majestad, y ansí[46] le acudió con tanta abundancia de bastimentos por los caminos que parece que[47] le llovía Dios tiendas como hijos. Tuvo el lugar

28 San Pedro y San Andrés] San Andrés y San Pedro *M*
29 sacalla] sacarle *M*
30 la ira de] *om. M*
31 agora] ahora *M*
32 los legos] lo lego *M*
33 Y] *om. M*
34 literata] literatos *M*
35 entendimiento y crédito] crédito y entendimiento *M*
36 alábanlo] alábanle *M*
37 no] no solo *M*
38 Teulogía] la Teología *M*
39 agradecerá] agradeciera *M*
40 agüelo] abuelo *M*
41 y] *om. M*
42 quien] el que *M*
43 Del] El *M*
44 Santisteban] Santiesteban *M*
45 protítulo] prototítulo *M*
46 ansí] así *M*
47 que] *om. M*

lucidísimo y la casa adornada con gran lustre, y a Su Majestad hizo un copioso presente de capones, pavos, terneras, jabalíes y regidores de Jaén, Úbeda y Baeza.

También refieren que el marqués del Carpio, luego que supo la jornada de la[48] Andalucía, se congojó de lo terrible del invierno y mandó a su mujer que pidiese a Dios que, ya que se destruía todo con los grandes fríos, no se helase la jineta de Córdoba, en que libraba el festejar[49] a Su Majestad, como si hubiera menester más prevención que la grandeza y ostentación[50] de su casa, en que recibió[51] magníficamente al rey y con generoso desperdicio a todos. Y la fiesta fue no menos real que el hospedaje, y después de tempestades tantas[52], le asistió aquel día el sol[53] como caballero de Córdoba con galas y lucimiento grande, mostrando que es el marqués tan bien quisto con el cielo como con la tierra, y anduvo tan ocupadísimo aquellos días que no tuvo lugar de mirarse a[54] las rosas de los zapatos. Y[55] el conde de Porto Alegre[56], que hace gran aparato del callar, habló mucho en alabanza de todo. Gran bien ha sido para este caballero y para el auditorio el haber hecho treguas con las barbas. Tengo gran noticia de sus partes, que afirman que en aquel gesto de fardo y faz tenebrosa se descubre[57] excelente gusto y apacible entendimiento, pero lo que más me alaban es su compostura, que están dél seguras todas las mozas. Buenas nuevas para las viejas de Sevilla. De don Jaime Manuel me dicen que será menester que le escondamos el rostro[58], que le ha parecido tan bien que en una cazuela de cristal se le quiere inviar a su hermana. Aficionadísimo soy al marqués de Belmonte, porque entre sazonadas burlas sabe ser el amigo más de veras, y en aquel bultazo y ovillo de carne se encierra gran gentileza de caballero.

Del nepote don Luis de Haro oigo[59] que en el poco ruido, en la llaneza y en la cortesía y bondad, parece sobrino de[60] pontificado muerto, pero en nada muestra más que es su tío el conde de Olivares y su padre el marqués del Carpio. Todos le alaban mucho, solo le achacan que duerme todavía entre las dueñas y que para despertar pide licencia a su madre.

48 de la] del *M*
49 el festejar] festejar *M*
50 y ostentación] *om. M*
51 recibió] recibió ostentosa y *M*
52 tempestades tantas] tempestad de tantos *M*
53 aquel día el sol] el sol aquel día *M*
54 a] *om. M*
55 Y] *om. M*
56 Porto Alegre] Portalegre *M*
57 descubre] descubre el *M*
58 rostro] río *M*
59 oigo] digo *M*
60 de] del *M*

El conde de Barajas, que también en el donaire tiene sus achaques de Zapata, jamás escribe a su mujer, pero ha hecho un concierto con ella, y es que para que vea que está vivo y sano, vuelva cada día las narices a Madrid, y[61] con eso le topa en su casa la condesa y queda sin cuidado.

A Garci Pérez de Araciel está muy agradecida Sevilla por haberle traído una novedad, y es haber visto que los oidores son hombres humanos y que pueden ser corteses y pasibles[62] sin perder lo justos y rectos[63], y créese que le[64] llevarán a Granada para[65] lo mismo. Del día del barranco de Andújar se suena que, aunque perdió el mal paso el respeto al rey, fio[66] que no se atreviera[67] a detener al[68] Consejo, pero hallándose engañado, subió en una mula de alquiler[69] a la jineta y, santiguándose, dijo: «¡Córdoba sea conmigo!».

Pedro de Contreras cayó con su litera en el barro y, viéndose lleno de lodo, dijo a su hijo: «Sebastián, gran trabajo es este, que ya a tu padre no le hallarán limpio». Y respondiéronle[70] todos: «Consuélese vuestra merced con que es la primera vez». Dos noches se quedó sin cama y, lastimándose los de la posada de la descomodidad del buen viejo y que no tenía dónde acostarse, un mozo de mulas que estaba echado en el pajar decía: «Señor secretario, duerma sobre un negocio». Lo mismo aconsejaba desde sus enjalmas un arriero a Insausti y Albiz, diciendo con gran risa de verlos consultados en mala noche y a cojín por cabecera: «¿No tomarían estos señores ministros un par de colchoncitos de cohecho?». Insausti[71] se acordaba de[72] cuánto mejor lo pasaban los secretarios de antaño, y Albiz, tendido en la cuna de un muchacho que le sobraba al huésped[73], solo temía que lo supiese su suegra.

Antonio de Losa nunca lo pasa mal, porque como a[74] secretario de la Cámara le tocan acémilas de llegar temprano y como a secretario de la Inquisición le pretenden los familiares, y por su agrado le buscan todos y hácele Dios tantas mercedes por lo que[75] ama a sus suegros.

61 y] que *M*
62 pasibles] apasibles *M*
63 lo justos y rectos] los justos respetos *M*
64 le] lo *M*
65 para] por *M*
66 fio] y fio *M*
67 atreviera] atrevería *M*
68 al] el *M*
69 alquiler] alquile *M*
70 respondiéronle] respondieron *M*
71 Insausti] Y Insausti *M*
72 de] *om. M*
73 al huésped] a un güesped *M*
74 a] *om. M*
75 por lo que] porque *M*

Está muy alborozada[76] esta ciudad con la buena nueva que le han dado de que el rey[77] ha de quedar en ella por muchos años, y dan[78] autor muy cierto, que[79] dicen que lo ha dicho el señor[80] don Francisco Zapatilla, que no dejará mentir a nadie.

Agraviado debe de[81] estar don Gaspar Bonifaz de que, habiendo tratado dos veces de jineta, he tardado en nombralle[82]. Anda de buena gana a caballo, porque ansí trae buenos pies y de las manos tiene harto de que preciarse, después que mató al[83] toro Alforjilla; es[84] graduado en ambos derechos, en la espada y en la pluma. En fin, un verso de Garcilaso[85], y aunque no es tan Adonis como Cantillana, torea peor. Por si me matare don Gaspar por esta mentira, quiero llamar a los médicos para que se les deba a ellos la muerte, y pues hay aquí tantos, dígame alguno en qué parte dice Galeno que para ayudar a salir a las mulas de los[86] pantanos son buenas las lágrimas, que lloró tanto[87] el doctor Núñez la noche de Linares que se pensó que era remedio y no flaqueza, pues hecho un Vald[o]vinos del todo[88] pedía ermitaño para confesarse, hasta decir para que le[89] socorriesen: «El gran conde de Olivares es mi señor natural». Y por el nombre de la infanta Sevilla proseguía toda la historia, quejándose de los Carlotos de sus hijos, que por ellos había dejado los tres mil horros de ganancia, trocando muchas orines[90] por una cámara.

Polanco callaba, creyendo que no podían quejarse los modernos, y el mozo de coche, que se helaba de frío, andando a buscar lumbre en medio de la obscuridad[91] le vio lo encendido del rostro y le puso en él unos leños, y sufriolo el doctor porque había tenido razón. Y Serna, como protomédico, mandaba que fuesen a toda la comarca a buscar cirujanos que tirasen el coche de los doctores de Su Majestad. Y Ardozilla[92] gritaba ferozmente[93], probando que era más noble su arte, porque

76 alborozada] alborotada *M*
77 rey] rey nuestro señor se *M*
78 dan] dan por *M*
79 que] y *M*
80 el señor] *om. M*
81 de] *om. M*
82 nombralle] nombrarle *M*
83 al] el *M*
84 es] que es *M*
85 al margen, «tomando, ora la espada, ora la pluma» (Garcilaso de la Vega, Égloga III)] *om. M*
86 los] *om. M*
87 tanto] tantas *M*
88 del todo] de lodo *M*
89 para que le] que lo *M*
90 orines] orinas *M*
91 en medio de la obscuridad] *om. M*
92 Ardozilla] Andosilla *M*
93 ferozmente] fuertemente *M*

Cornelio Celso, ilustre romano, escribió más de cirugía que de medicina, y quería salir a poner unos parches a las mulas que corroborasen el cutis y luego tirarían. Y el cochero daba voces diciendo que si se hubiesen[94] de buscar bestias, trujesen a los que se curan y creen a los médicos. Y Alonso Gutiérrez[95], diamantier de la casa de Borgoña, andando a pie[96] pedía socorro para que le metiesen en un coche, alegando que entraba en el aposento del conde[97] y del rey a todas las[98] horas, y caminando por entre aquellos lodazales se metió en un barranco hasta los hocicos. Y un literero le preguntaba: «Señor Grimaldo, ¿<es> tiene[99] fondo?». Pues las[100] ayudas de cámara también gozaron de la tempestad, quedándose hasta el día en el campo, y Calero por la mañana pedía la mala[101] noche en dinero, el capitán Luz[102] en vino, Matías en sueño y Marván quería desalojar a[103] un peñasco que estaba cerca diciendo que él era más[104] antiguo. Y don Tomás andaba a pleito con la Ursa Menor, y no hubo estrellas[105] de cuantas conoce que hiciese caso dél, aunque les decía que era hijo de Juan Bauptista Lavaña[106], y estando a obscuras[107] y lloviendo y en despoblado se puso a escribir a su[108] doña María.

Don Juan del Castillo se escapó de la tormenta en las oraciones de su madre y suyas y de la madre priora, y mejor en la mula de su criado.

Don Francisco de Rojas y don Cristóbal Tenorio, jurando por el hábito de Santiago que habían de matar al cochero, fueron tan malos caballeros que no lo cumplieron. Y[109] don Antonio de Mendoza fue aquel día secretario de ejercicio, que le[110] caminó todo a pie, yendo tan consolado como si fuera a gambo[111]. Esto no lo entenderán los señores de la universidad, ni yo tampoco. Y[112] el conde de Santisteban[113], que iba en

94 se hubiesen] habían *M*
95 Gutiérrez] Gutiérrez Grimaldo *M*
96 andando a pie] *om. M*
97 conde] conde su señor *M*
98 las] *om. M*
99 tiene] es *M*
100 las] los *M*
101 mala] cama de la *M*
102 Luz] *om. M*
103 a] *om. M*
104 más] el más *M*
105 estrellas] estrella *M*
106 Bauptista Lavaña] Baptista Lavana *M*
107 obscuras] escuras *M*
108 su] *om. M*
109 Y] *om. M*
110 le] se *M*
111 gambo] gamba *M*
112 Y] *om. M*
113 Santisteban] Santiesteban *M*

el coche, se fue a buscar nuégados a unos batanes, y su hijo, con estar en el reino de Jaén, se quedó sin cenar. Y nuestro superior ingenio andaluz, don Francisco[114] Mor[o]veli (séanme testigos que le[115] pongo junto a un conde), se informó si aquel camino se llamaba Alonso López de Haro para escrebir[116] contra él, y amenazole que pondría mal sus negocios con Su Excelencia, y vino muy contento con saber que no era limpio.

Don Fernando Verdugo, metido en el[117] atolladero de un campo despoblado, decía a los soldados de la guarda[118], que estaban dos leguas de allí: «¡Compañeros, haced plaza!». Y respondían sus mozos: «Mejor fuera hacer camino». Era obscurísima la noche y el cochero quería pasar adelante. Los criados temían que los despeñase[119], porque no se vía ni aun el cielo, y[120] el cochero gritaba: «¡Voto a Cristo, que hace una luna como a mediodía!». Y era que estaba viendo la calva de don Fernando. Don Gaspar de Teves se salió de su coche y tomó un rocín, y corriendo, iba[121] preguntando a los hombres y a los árboles si había cenado el Almirante. Y llegó al pueblo a las dos de la noche y con tal hambre que mandó que[122] le pusiesen a asar un par de acémilas para sorbérselas (y no digo como huevos). Y no[123] hallando almohadas en que acostarse, le dijo un criado que se cortase algo de las guedejas y las infundarían[124]. Y créese que no lo entendió, pues lo dejó vivo. Quiero apearme destas[125] acémilas y subir en las mulas desta[126] universidad, que en la navegación destos sujetos ha de topar Vuestra Majestad mayores bajíos que en su jornada. No cansaré a Vuestra Majestad en referir sus partes, porque no los conoce y es la mejor consulta para ellos.

Los dos graduandos son muy primos solo en la sangre, y pues con la real presencia de Vuestra Majestad hace Sevilla obras tan piadosas y necesarias que la cárcel suelta sus presos y el cabildo ata sus veinteicuatros[127], esta universidad ha querido dar de barato y[128] de limosna estos grados, que son tan pobres de estudios[129] los

114 Francisco] Francisco de *M*
115 le] lo *M*
116 escrebir] escribir *M*
117 el] *om. M*
118 guarda] guardia *M*
119 despeñase] despeñasen *M*
120 y] que *M*
121 iba] se iba *M*
122 que] *om. M*
123 no] *om. M*
124 infundarían] enfundara *M*
125 destas] de las *M*
126 desta] de esta *M*
127 veinteicuatros] veinticuatros *M*
128 y] o *M*
129 estudios] estudio *M*

que los reciben que ha sido obra de gran caridad remediar estos dos huérfanos[130] de letras. Y si en la iglesia mayor se pusiesen hogaño algunos ajuares de plazas de oidores, no se hallarían en el mundo personas más necesitadas desta misericordia, si no es que el colegio quisiese acomodar algunos de sus donceles doctísimos varones en prevenir una mala colación. Grandes sujetos encierra. Aun en vejamen no puedo negallo. Ilustres los ha tenido, famosos los tendrá, premiando los que hay[131] hoy con tantos desvelos, con tantos afanes de gloriosos trabajos están mereciendo el acuerdo y favor de Vuestra Majestad.

El señor rector (que aun delante del rey pretenden los licenciados que ha de llamar[132] así), varón insigne por cierto en virtudes y letras, anda con buenas esperanzas de ser alcalde, porque tiene gesto desabrido, semblante acedo y cara de hacer pesadumbre[133]. Los demás colegas[134], no menos suficientes ni merecedores de ocupar los mayores puestos, en verdad que lo trabajan bien y[135] que estudian peritamente las ceremonias del colegio y en once años de colegiales harto les cuesta el no saber nada.

Para[136] que vea Vuestra Majestad cuánto ignoran en todo, yo me estaba allá en Marchena, como en Coímbra, y me han llamado y escogido por[137] el más salado (¡cuáles serán los otros!) para entretener a Vuestra Majestad (que ya se sabe[138] si lo acertaron[139]). Es mi nombre el doctor Fontanilla (aquí encajo la saya), he[140] sido colegial trece años y sé tan poco que es lástima que[141] no sea canónigo. Tarde se va haciendo y me quedan todos los maestros y doctores, y ansí[142] para despachallos[143] de presto quiero meter mano a los médicos, pero agraviáranse las demás facultades si no los[144] nombro primero, porque ésta es la más trasera[145]. Yo aconsejara[146] a estos señores que no diesen de merendar a Su[147] Majestad cosas dulces, que son ya muy mecánicas[148], sino platos de

130 huérfanos] güerfanitos *M*
131 hay] *om. M*
132 llamar] nombrar *M*
133 pesadumbre] pesadumbres *M*
134 colegas] colegiales *M*
135 y] *om. M*
136 Para] Y para *M*
137 por] y por *M*
138 sabe] ve *M*
139 acertaron] acertaran *M*
140 he] y he *M*
141 que] *om. M*
142 ansí] así *M*
143 despachallos] despacharlos *M*
144 los] las *M*
145 porque ésta es la más trasera] *om. M*
146 aconsejara] aconsejaba *M*
147 Su] Vuestra *M*
148 que son ya muy mecánicas] *om. M*

buena sazón[149], un pastelón[150] de teólogos, una pepitoria de letrados (aunque no tienen pies ni cabeza, dijera otro), una empanada de artistas, un gigote de médicos, que si ansí[151] se gastaran todos, no hubiera para la salud mejor guisado.

Ya imagino[152] quejosos a los lucidos sujetos deste claustro, porque no he[153] hecho un[154] elogio a cada uno, que todos sin duda lo merecen, pero si de ser necio (que ya no es diligencia) se hace todavía[155] pretención, vuestras mercedes informen de sí a Su Majestad, que a nadie deberán mayores necedades que a sí mismos.

Señor, tan pesado habrá sido para Vuestra Majestad este vejamen como para sus criados el camino. Ellos templaron su dolor en[156] la salud de Vuestra Majestad, que los ojos que le[157] merecieren ver se pondrán en paz con todos los sentidos. Cuéntese dos veces, por piedad de Vuestra Majestad en su jornada, la priesa por nosotros y la detención por ellos, y el hacerla por todos, que en la importancia de su oficio no se perdona así.

Y[158] qué grande, señor[159], es la deuda de nuestra vista, pues le cuesta a Vuestra Majestad tiempo tan riguroso, no siendo lo más[160] dejar su sosiego, sino la mayor parte suya, la reina nuestra señora, que ni[161] menos amor que el de Vuestra Majestad ni menor[162] dueño bastara a pagar sus merecimientos. A cualquiera que alcanzara esta fortuna de consorte de Vuestra Majestad la amara el mundo, y a Su Majestad no la ama[163] tanto por las obligaciones reales[164] como por las virtudes heroicas, que pudiera dejar de ser reina pero no de merecerlo[165]. Esta soledad, esta ausencia digna del[166] sentimiento de un rey debe a Vuestra Majestad España, y a la reina nuestra señora, el sufrilla y conocella por justa, que quiere más ver a Vuestra Majestad cuidando de su imperio que de su gusto, que a[167] faltar a su obligación más que a su lado fuera estar

149 sazón] sazón, que aquel género es muy mecánico *M*
150 pastelón] pastel *M*
151 ansí] así *M*
152 imagino] me imagino *M*
153 he] *om. M*
154 un] *om. M*
155 todavía] toda una *M*
156 en] con *M*
157 le] lo *M*
158 Y] Oh *M*
159 señor] *om. M*
160 más] menos *M*
161 ni] no *M*
162 menor] menos *M*
163 ama] aman *M*
164 reales] *om. M*
165 merecerlo] merecello *M*
166 del] de *M*
167 a] *om. M*

casada con hombre pero no con rey. Y nunca es menos vivo[168] un príncipe ni está más lejo[s][169] de los suyos que en el descanso y en el ocio. Vuestra Majestad nació para todos, no sea tirana una provincia de la luz de todas, no aguarden[170] siempre los[171] oídos las relaciones turbadas en pareceres[172] y desinios. Desenvuelvan[173], examinen una vez los ojos lo que tantas ha menester el entendimiento para gobernarse. Agradézcanle[174] a Vuestra Majestad sus hijos que les aseguró antes el ser reyes que hombres, y tengan primero dónde vivir que dónde nacer, y reconozcan al[175] valor de su padre, tan presto con el[176] tener vida, hallar[177] imperio, que Vuestra Majestad no atiende a gozalle, sino a[178] que le haya, y no busca la culpa en nadie, sino el remedio a todo[179].

Mire a[180] Vuestra Majestad el océano en su orilla, que[181] hasta las olas obedecen[182] a la diligencia; sepa[183] el norte, conozca el levante, que no se sustenta la monarquía de de[184] España con la grandeza o con la dicha[185], sino con el cuidado; ocúpense ministros, nazcan soldados, críense capitanes; pero véase que lo puede el rey ser todo.

Logre Vuestra Majestad la bizarría de su espíritu en la prudencia, en el celo, en las fatigas de quien le acompaña y le ayuda, no se desperdicie el tiempo que goza España en el rey más bueno, que harto ha hecho Dios por nosotros en darnos a Vuestra Majestad. Dele Vuestra Majestad a Dios el fruto de sus beneficios y nuestras necesidades, que no nos ha dejado ya qué pedille si no es su vida, ni a nada se puede dar más fee que a nuestra esperanza.

Fin

168 vivo] bueno *M*
169 lejo] lejos *M*
170 aguarden] son ajustadas *M*
171 los] a los *M*
172 pareceres] pasiones *M*
173 Desenvuelvan] Desenvuelvan y *M*
174 Agradézcanle] Agradescan *M*
175 al] el *M*
176 con el] como *M*
177 hallar] y hallar *M*
178 a] *om. M*
179 todo] todos *M*
180 a] *om. M*
181 que] *om. M*
182 obedecen] obedescan *M*
183 sepa] y sepa *M*
184 de de] de *M*
185 la dicha] los dichos *M*

[Soneto]

Pro coronide, aquí se pone el soneto siguiente, compuesto y presentado a Su Majestad por el autor deste vejamen poco antes que llegase Su Majestad a esta ciudad, que fue en marzo de 1624 años.

Cuanto aplauso recibes, nos mereces;
cuanto a ti te has debido, te has pagado;
lo rey te sobra, en nada te has faltado;
en deuda y en amor reinas dos veces.
Más que en los años, en las glorias creces;
solo puede bastarte lo admirado;
pasas de imitación y de imitado;
cuanto eres mayor rey, más te pareces.
A los ojos les[186] cuestas dudas de hombre,
deidad es quien no yerra acción alguna,
no es término a tu planta un hemisferio.
En paz quedan tus obras con tu nombre,
nada es menor[187] en ti que tu fortuna,
mayor eres por ti que por tu imperio.

186 les] le *B*
187 menor] me*no*s B

BIBLIOGRAFÍA CITADA

ALONSO VELOSO, María José (2005): *Tradición e ingenio en las letrillas, las jácaras y los bayles de Quevedo*, Vigo, Universidad de Vigo.

ALONSO VELOSO, María José (2006): «Discurso rufianesco y retórica del hampa: la *compositio* de las jácaras y los bailes de Quevedo», *Revista de Filología Española*, LXXXVI-1, 31-63.

ALONSO VELOSO, María José (2007): *El ornato burlesco en Quevedo. El estilo agudo en la lírica jocosa*, Sevilla, Universidad de Sevilla.

ARELLANO, Ignacio (2001): «La poesía satírico-burlesca de Quevedo: coordenadas esenciales», *Anthropos*, Extra 6, 39-48.

ARELLANO, Ignacio (ed.) (2007): *Francisco de Quevedo Villegas. Poesía burlesca. Tomo II: Jácaras y bailes*, Alicante, Biblioteca Virtual Miguel de Cervantes.

ARELLANO, Ignacio y Celsa Carmen GARCÍA VALDÉS (2011): *Francisco de Quevedo. Teatro completo*, Madrid, Cátedra.

ARTIGAS, Miguel y Enrique SÁNCHEZ REYES (1957): *Catálogo de la Biblioteca de Menéndez Pelayo. I. Manuscritos*, Santander, Cuerpo Facultativo de Archiveros, Bibliotecarios y Arqueólogos y Sociedad de Menéndez Pelayo.

ASENSIO, Eugenio (1971): *Itinerario del entremés. Desde Lope de Rueda a Quiñones de Benavente. Con cinco entremeses de D. Francisco de Quevedo*, Madrid, Gredos.

ASTRANA MARÍN, Luis (ed.) (1932): *Francisco de Quevedo. Obras completas de don Francisco de Quevedo Villegas, Tomo I: obras en verso*, Madrid, Aguilar.

ASTRANA MARÍN, Luis (1945): *La vida turbulenta de Quevedo*, Madrid, Gran Capitán.

ASTRANA MARÍN, Luis (1946): *Epistolario completo de D. Francisco de Quevedo y Villegas*, Madrid, Instituto Editorial Reus.

BALTAR RODRÍGUEZ, Juan Francisco (1998): *Las Juntas de Gobierno en la Monarquía Hispánica (siglos* XVI-XVII*)*, Madrid, Centro de Estudios Políticos y Constitucionales.

BARRERA Y LEIRADO, Cayetano Alberto de la (1860): *Catálogo bibliográfico y biográfico del teatro antiguo español, desde sus orígenes hasta mediados del siglo* XVIII, Madrid, M. Rivadeneyra.

BATAILLON, Marcel (1982): *Pícaros y picaresca*, Madrid, Taurus.

BENÍTEZ CLAROS, Rafael (ed.) (1948): *Obras poéticas de don Antonio Hurtado de Mendoza. Tomo III*, Madrid, Real Academia Española.

BERNAL RODRÍGUEZ, Manuel y Carmen ESPEJO-CALA (2003): «Tres relaciones de sucesos del siglo XVII. Propuesta de recuperación de textos preperiodísticos», *IC Revista Científica de Información y Comunicación*, 1, 133-174.

BLANCO, Mercedes (2006): «Fragmentos de un discurso satírico en la obra de Góngora», en Carlos VAÍLLO y Ramón VALDÉS (ed.), *Estudios sobre la sátira española en el Siglo de Oro*, Madrid, Castalia, 11-34.

BLANCO, Mercedes (2009): «Concierto de máscaras. Para una lectura del *Buscón* de Quevedo como polifonía novelística», en Anthony CLOSE (ed.), *El ingenioso hidalgo. Estudios en homenaje a Anthony Close*, Alcalá de Henares, Centro de Estudios Cervantinos.

BLECUA, Alberto (1983): *Manual de crítica textual*, Madrid, Castalia.

BLECUA, José Manuel (ed.) (1968): *Francisco de Quevedo. Poesía original*, Barcelona, Planeta.

BLECUA, José Manuel (ed.) (1969): *Francisco de Quevedo. Obra poética. Vol. I*, Madrid, Castalia.

BLECUA, José Manuel (ed.) (1971): *Francisco de Quevedo. Obra poética. Vol. III*, Madrid, Castalia.

BLECUA, José Manuel (ed.) (1972): *Francisco de Quevedo. Poemas escogidos*, Madrid, Castalia.

BOTTA, Patrizia (2019): «Punto en boca, de Quevedo, según la versión del Ms. Corsini 625», *Revista de cancioneros impresos y manuscritos*, 8, 23-49.

BUENDÍA, Felicidad (ed.) (1967): *Francisco de Quevedo. Obras completas. Tomo II. Obras en verso*, Madrid, Aguilar.

BUEZO, Catalina (2008): «Tipología de las formas breves», en Javier HUERTA CALVO (ed.), *Historia del teatro breve en España*, Madrid / Frankfurt, Iberoamericana / Vervuert, 63-120.

CABANILLAS CÁRDENAS, Carlos Fernando (2019): «El microcontexto de las galeras en la jácara "Vida y milagros de Montilla" de Quevedo», *La Perinola*, 23, 231-250.

CACHO CASAL, Rodrigo (2004): «Difusión y cronología de la poesía burlesca de Quevedo: una revisión», *Revista de Literatura*, LXVI, 132, 409-429.

CAMPA GUTIÉRREZ, Mariano de la (2019): «Poemas de Francisco de Quevedo en impresos del siglo XVII: los *romances varios*», en Sagrario LÓPEZ POZA *et al.* (ed.), *Docta y sabia Atenea. Studia in honorem Lía Schwartz*, La Coruña, Universidade da Coruña, 131-144.

CANDELAS COLODRÓN, Manuel Ángel (2007): *La poesía de Quevedo*, Vigo, Universidade de Vigo.

CANDELAS COLODRÓN, Manuel Ángel (2012): «Las jácaras y los bayles en la frontera de la poesía satýrica de Quevedo», en Antonio GARGANO, Maria D'AGOSTINO y Flavia GHERARDI, *Difícil cosa el no escribir sátiras. La sátira en verso en la España de los Siglos de Oro*, Vigo, Academia del Hispanismo, 273-289.

CANTIZANO PÉREZ, Félix (2007): *El erotismo en la poesía de adúlteros y cornudos en el Siglo de Oro*, Madrid, Editorial Complutense.

CAÑAS MURILLO, Jesús (2012): «Corte y academias literarias en la España de Felipe IV», *Anuario de Estudios Filológicos,* XXXV, 5-26.

CARA, Giovanni (2001): «La forma-vejamen y la dificultad de una definición unitaria de género», en *Actas del V Congreso Internacional de la Asociación Internacional Siglo de Oro (AISO)*, Madrid, Iberoamericana / Vervuert, 267-274.

CARO BAROJA, Julio (1979): *El carnaval (análisis histórico-cultural)*, Madrid, Taurus.

CARREIRA, Antonio (2000): «El conceptismo en las jácaras de Quevedo. "Estábase el Padre Esquerra"», *La Perinola*, 4, 91-106.

CARREIRA, Antonio (2002): «La poesía de Quevedo: textos interpolados, atribuidos y apócrifos», en Victoriano RONCERO y José Enrique DUARTE (ed.), *Quevedo y la crítica a finales del siglo* XX *(1975-2000). Volumen I: general y poesía*, Pamplona, Eunsa, 139-158.

CARREIRA, Antonio (2009): «El paratexto en los manuscritos poéticos del Siglo de Oro», en Mª S. ARREDONDO, P. CIVIL y M. MONER (ed.), *Paratextos en la literatura española (siglos* XV-XVIII*)*, Madrid, Collection de la Casa de Velázquez, 2009, pp. 37-48.

CARREIRA, Antonio (2014): «Las jácaras de Quevedo: un subgénero conflictivo», en María Luisa LOBATO y Alain BÈGUE (ed.), *Literatura y música del hampa en los Siglos de Oro*, Madrid, Visor Libros, 51-75.

CARREIRA, Antonio (2016): «Problemas específicos en la edición del Romancero Nuevo», *Abenámar*, I, 71-78.

CARTAYA BAÑOS, Juan (2014): *La pasión de don Fernando de Añasco. Limpieza de sangre y conflicto social en la Sevilla de los Siglos de Oro*, Sevilla, Universidad de Sevilla.

CEJADOR, Julio (2008): *Diccionario fraseológico del Siglo de Oro*, Barcelona, Serbal.

CHEVALIER, Maxime (1992): *Quevedo y su tiempo: la agudeza verbal*, Barcelona, Crítica.

COTARELO Y MORI, Emilio (1911): *Colección de entremeses, loas, bailes, jácaras y mojigangas desde fines del siglo* XVI *a mediados del* XVIII. *Tomo I. Volumen I*, Madrid, Casa editorial Bailly-Baillière.

CRESPO LÓPEZ, Mario (ed.) (2012): *Antonio Hurtado de Mendoza. Cada loco con su tema*, Madrid, Cátedra.

CROSBY, James O. (1967): *En torno a la poesía de Quevedo*, Madrid, Castalia.

CROSBY, James O. (ed.) (1993): *Francisco de Quevedo Villegas. Sueños y discursos*, Madrid, Castalia.

CROSBY, James O. (2005): *Nuevas cartas de la última prisión de Quevedo*, Woodbridge, Tamesis.

DAVIES, Gareth A. (1971): *A poet at court. Antonio Hurtado de Mendoza (1586-1644)*, Oxford, The Dolphin book co.

DELEITO Y PIÑUELA, José (1935): *El rey se divierte*, Madrid, Espasa Calpe.

DI PINTO, Elena (2004): «Sancho el del Campillo: jácara y baile entremesado», *Diálogos hispánicos*, 24, 241-257.

DI PINTO, Elena (2014): «El mundo del hampa en el siglo XVII y su reflejo en la jácara: ¿realidad o ficción literaria?», en Luisa LOBATO y Alain BÈGUE (ed.), *Literatura y música del hampa en los Siglos de Oro*, Madrid, Visor Libros, 195-217.

EGIDO, Aurora (1978): «Retrato carnavalesco del Buscón don Pablos», *Hispanic Review*, 46, 173-197.

EGIDO, Aurora (1984): «De ludo vitando. Gallos áulicos en la Universidad de Salamanca», *El Crotalón*, I, 609-648.

EGIDO, Aurora (1990): «Floresta de vejámenes universitarios granadinos (siglos XVII-XVIII)», *Bulletin Hispanique*, 92-1, 309-332.

EGIDO, Aurora (1996): «Linajes de burlas en el Siglo de Oro», en Ignacio ARELLANO *et al.* (ed.), *Studia Áurea. Actas del III Congreso de la AISO. I*, Toulouse / Pamplona, GRISO, 18-50.

EGIDO, Aurora (2005): «Don Quijote en el patio de escuelas (vejámenes de grado en España y América. Siglos XVI-XVIII)», *Boletín de la Real Academia Española*, 85 (291-292), 225-264.

FERNÁNDEZ-GUERRA Y ORBE, Aureliano (ed.) (1907): *Francisco de Quevedo. Obras completas de don Francisco de Quevedo y Villegas. Tomo III*, Sevilla, Imp. de Francisco de P. Díaz.

FERNÁNDEZ MARTÍN, Pedro (ed.) (1971): *Antonio de León Pinelo. Anales de Madrid (desde el año 447 al de 1658)*, Madrid, Instituto de Estudios Madrileños.

FERNÁNDEZ MONTESINOS, José (1964): *Romancerillos tardíos*, Salamanca, Anaya.

FERNÁNDEZ MOSQUERA, Santiago (2000): «La edición anotada de la poesía de Quevedo: breve historia y perspectivas de futuro», *La Perinola*, 4, 107-125.

FERNÁNDEZ MOSQUERA, Santiago (2019): «La desdramatización de la jácara en Quevedo reformada por Calderón», *La Perinola*, 23, 251-261.

GARCÍA DE ENTERRÍA, María Cruz (1988): «Pruebas escritas de una amistad», en *Homenaje a Eugenio Asensio*, Madrid, Gredos, 199-213.

GONZÁLEZ PALENCIA, Ángel (1932): *La Junta de Reformación. Documentos procedentes del Archivo Histórico Nacional y del General de Simancas (1618-1625), Archivo Histórico Español. 5*, Valladolid, Poncelix.

HERNÁNDEZ ALONSO, César y Beatriz SANZ ALONSO (1999): *Germanía y sociedad en los Siglos de Oro. La cárcel de Sevilla*, Valladolid, Universidad de Valladolid.

HERNÁNDEZ ARAICO, Susana (2004): «El teatro breve de Quevedo y su arte nuevo de hacer ridículos en las tablas: lego-pro-menos a una representación riescénica», *La Perinola*, 8, 201-234.

HERNÁNDEZ FERNÁNDEZ, María (2009): *El teatro de Quevedo* (tesis doctoral), Barcelona, Universitat de Barcelona.

HERNÁNDEZ FERNÁNDEZ, María (ed.) (2010): *Francisco de Quevedo. Poesía inédita. Atribuciones del manuscrito de Évora*, Madrid, Libros de Silencio.

HERNÁNDEZ REYES, Dalia (2016): «Jácaras», en Judith FARRÉ (ed.), *Antonio de Solís. Teatro Breve*, Nueva York, IDEA, 435-475.

HIDALGO, Juan (1779): *Romances de germanía de varios autores, con el vocabulario por la orden del a, b, c, para declaración de sus términos y lengua*, Madrid, Antonio de Sancha.

HILL, John M. (1945): *Poesías germanescas*, Bloomington, Indiana University.

HILL, John M. (1949): *Voces germanescas*, Bloomington, Indiana University.

JANER, Florencio (ed.) (1877): *Obras de don Francisco de Quevedo Villegas. Poesías. Biblioteca de Autores Españoles*, Madrid, M. Rivadeneyra.

JAURALDE POU, Pablo (1998): *Francisco de Quevedo (1580-1645)*, Madrid, Castalia.

JULIO, María Teresa (ed.) (2007): *Academia burlesca que se hizo en Buen Retiro a la majestad de Filipo Cuarto el Grande. Año de 1637,* Madrid / Frankfurt, Iberoamericana / Vervuert.

KING, Willard F. (1963): *Prosa novelística y academias literarias en el siglo* XVII, Madrid, Anejos del Boletín de la Real Academia Española.

LAYNA RANZ, Francisco (1991): «Ceremonias burlescas estudiantiles (siglos XVII y XVIII): 1. *Gallos*», *Criticón*, 52, 141-162.

LAYNA RANZ, Francisco (1996): «Dicterio, conceptismo y frase hecha: A vueltas con el vejamen», *Nueva Revista de Filología Hispánica*, XLIV-1, 27-56.

LÁZARO, Antonio (ed.) (1992): *Antonio Enríquez Gómez. Sonetos, romances y otros poemas*, Cuenca, Excmo. Ayuntamiento de Cuenca.

LIDA, Raimundo (1966): «Para *La hora de todos*», en *Homenaje a Rodríguez-Moñino. Estudios de erudición que le ofrecen sus amigos o discípulos hispanistas norteamericanos. I*, Madrid, Castalia, 311-323.

LOBATO, María Luisa (2014): *La jácara en el siglo de Oro. Literatura de los márgenes*, Madrid / Frankfurt, Iberoamericana / Vervuert.

LÓPEZ GRIGERA, María Luisa (1998): *Anotaciones de Quevedo a la* Retórica *de Aristóteles*, Salamanca, Gráficas Cervantes.

LÓPEZ GRIGERA, María Luisa (2002): «Anotaciones de Quevedo lector», en Pedro M. CÁTEDRA y M. Luisa LÓPEZ VIDRIERO (ed.), *El libro antiguo español. VI, De libros, librerías, imprentas y lectores*, Salamanca, Universidad de Salamanca, 163-191.

LÓPEZ RUIZ, Antonio (1984): «Andalucía en la obra de Quevedo», *Boletín del Instituto de Estudios Almerienses*, 4, 89-100.

LÓPEZ SUTILO, Rosario (2010): «El léxico de germanía en las jácaras de Quevedo: las prostitutas», en Pierre CIVIL y Françoise CREMOUX (ed.), *Actas del XVI Congreso de la Asociación Internacional de Hispanistas. Caminos del hispanismo...*, Madrid / Frankfurt, Iberoamericana / Vervuert, vol. 2.

MADROÑAL, Abraham (2004): «El vejamen de Antonio Hurtado de Mendoza en Sevilla (1624) y su relación con una carta de Quevedo», *La Perinola*, 8, 235-256.

MADROÑAL, Abraham (2005): «De grado y desgracias». Vejámenes universitarios de los Siglos de Oro, Madrid, CSIC.

MARIGNO, Emmanuel (2000): *Edition critique des «Jácaras» de Quevedo* (tesis doctoral), Lille, Atelier national de reproduction des thèses.

MARIGNO, Emmanuel (2010): «Notas sueltas para una edición digital crítica, anotada e ilustrada de las jácaras de Francisco de Quevedo y Villegas», en Pierre CIVIL y Françoise CREMOUX (ed.), *Actas del XVI Congreso de la Asociación Internacional de Hispanistas. Caminos del hispanismo...*, Madrid / Frankfurt, Iberoamericana / Vervuert, vol. 2.

MARIGNO, Emmanuel (2013): «Figuras ridículas y alteración del poder en las jácaras de Quevedo: enlaces y desenlaces con la comedia burlesca», en A. BÈGUE, C. MATA, P. TARAVACCI (ed.), *Comedia burlesca y teatro breve del Siglo de Oro*, Pamplona, Eunsa, 191-204.

MARIGNO, Emmanuel (2020): «A vueltas con la burla en Quevedo. Una lectura antropológica», *Hipogrifo*, 8.1, 63-74.

MARTÍN RODRÍGUEZ, Manuel (2016): *Mateo Lisón y Viedma. Discursos y apuntamientos y otros escritos*, Madrid, Real Academia de Ciencias Morales y Políticas.

MARTÍNEZ CAMPO, Luis (2015): «La dimensión musical de la jácara: fuentes escritas y tradición oral a principios del siglo XVII», en Ana LLORENS MARTÍN (ed.), *VIII Jornadas de Jóvenes Musicólogos*, Madrid, Universidad Complutense de Madrid, 174-184.

MORENO MENGÍBAR, Andrés y Francisco VÁZQUEZ GARCÍA (1997): «Poderes y prostitución en España (siglos XIV-XVII). El caso de Sevilla», *Criticón*, 69, 33-49.

NAVARRO FERNÁNDEZ, Antonio (1909): *La prostitución en la villa de Madrid. La mujer defendida por las Sociología, el Derecho y la Moral*, Madrid, Imprenta de Ricardo Rojas.

NOBLE WOOD, Oliver y Jeremy ROE, Jeremy LAWRANCE (2011): *Poder y saber. Bibliotecas y bibliofilia en la época del conde-duque de Olivares*, Madrid, CEEH.

PAZ Y MELIÁ, Antonio (ed.) (1969): *Avisos de don Jerónimo de Barrionuevo II*, Madrid, Biblioteca de Autores Españoles.

PEDRAZA JIMÉNEZ, Felipe B. (2006): «De Quevedo a Cervantes: la génesis de la jácara», en Anthony J. CLOSE (ed.), *Edad de oro cantabrigense: Actas del VII Congreso de la Asociación Internacional de Hispanistas del Siglo de Oro*, Madrid / Frankfurt, Iberoamericana / Vervuert, 77-88.

PERAITA, Carmen (2010): «Inventarios vacíos. Circulación manuscrita y formación del canon en las primeras colecciones impresas de Quevedo», *La Perinola*, 14, 129-150.

PÉREZ CUENCA, Isabel (1989): «Del jaque al bandolero: las jácaras de Quevedo», en Juan Antonio MARTÍNEZ COMECHE (ed.), *El bandolero y su imagen en el Siglo de Oro*, Madrid, Casa de Velázquez, 193-200.

PÉREZ CUENCA, Isabel (2000): «Algunos casos de atribuidos y apócrifos en las ediciones de la poesía de Quevedo», *La Perinola*, 4, 267-283.

PÉREZ CUENCA, Isabel (2013): «La difusión de la obra poética de Quevedo entre manuscritos e impresos (siglos XVII y XVIII)», *Criticón*, 119, 67-83.

PLATA PARGA, Fernando (1997): *Ocho poemas satíricos de Quevedo*, Pamplona, Eunsa.

PLATA PARGA, Fernando (2000): «Nuevas versiones manuscritas de la poesía quevediana y nuevos poemas atribuidos: en torno al manuscrito BMP 108», *La Perinola*, 4, 285-307.

PLATA PARGA, Fernando (2016): «Risas de ida y vuelta. León y Arce con Quevedo de viaje a Andalucía», *La Perinola*, 20, 157-202.

PROFETI, Maria Grazia (1994): «Mujer libre – mujer perdida: Una nueva imagen de la prostitución a fines del siglo XVI y principios del XVII», en Agustín REDONDO (ed.), *Images de la femme en Espagne aux* XVIe *et* XVIIe *siècles*, París, Publications de la Sorbone, 195-206.

QUEVEDO VILLEGAS, Francisco de (1648): *El Parnasso español, monte en dos cvmbres dividido, con las nveve musas castellanas*, Madrid, Diego Díaz de la Carrera.
REY, Alfonso (1999): «Concepto de nobleza y visión de la guerra en la obra de Quevedo», en Ignacio ARELLANO y Jean CANAVAGGIO (ed.), *Rostros y máscaras: personajes y temas de Quevedo*, Pamplona, Eunsa, 133-160.
REY, Alfonso (2000): «Las variantes de autor en la obra de Quevedo», *La Perinola*, 4, 309-344.
REY, Alfonso (2006): «La comicidad en la obra de Quevedo. Cuestiones preliminares», en Ignacio ARELLANO y Victoriano RONCERO (ed.), *Demócrito Áureo. Los códigos de la risa en el Siglo de Oro*, Sevilla, Renacimiento, 233-261.
REY, Alfonso y María José ALONSO (ed.) (2021): *Francisco de Quevedo. Poesía completa*, Barcelona, Castalia Maior.
RODRÍGUEZ CUADROS, Evangelina (1987): «Del teatro tosco al melodrama: la jácara», en Joaquín ÁLVAREZ BARRIENTOS y Antonio CEA GUTIÉRREZ (ed.), *Actas de las jornadas sobre teatro popular en España*, Madrid, CSIC, 227-247.
RODRÍGUEZ MARÍN, Francisco (ed.) (1918): *Luis Vélez de Guevara. El diablo cojuelo*, Madrid, Espasa-Calpe.
RODRÍGUEZ-MOÑINO, Antonio (1977): *Manual bibliográfico de cancioneros y romanceros. I. Impresos durante el siglo* XVII, Madrid, Castalia.
SÁEZ RAPOSO, Francisco y Javier HUERTA CALVO (2008): «Los autores y las obras. Quevedo», en Javier HUERTA CALVO (ed.), *Historia del teatro breve en España*, Madrid / Frankfurt, Iberoamericana / Vervuert, 183-201.
SALILLAS, Rafael (1905): «Poesía rufianesca (jácaras y bailes)», *Revue Hispanique*, XIII, 18-75.
SÁNCHEZ ALONSO, Benito (1924): «Los satíricos latinos y la sátira de Quevedo», *Revista de Filología Española*, XI, 33-62, 113-153.
SÁNCHEZ-MONTES GONZÁLEZ, Francisco (2018): *El viaje de Felipe IV a Andalucía en 1624. Tiempo de recursos y consolidación de lealtades*, Granada, Universidad de Granada.
SCHWARTZ, Lía (1983): *Metáfora y sátira en la obra de Quevedo*, Madrid, Taurus.
VAÍLLO, Carlos (1982): «*El mundo al revés* en la poesía satírica de Quevedo», *Cuadernos Hispanoamericanos*, 380, 364-393.
VALCÁRCEL, Carmen (1991): «Problemas de edición de los textos musicados en el Siglo de Oro» en Ignacio ARELLANO y Jesús CAÑEDO FERNÁNDEZ (ed.), *Crítica y anotación filológica en obras del Siglo de Oro*, Madrid, Castalia, 529-544.
VALDIVIA, Francisco Alfonso (2012): «La música de El valiente Escarramán: la huella de un famoso baile en el repertorio guitarrístico», *Hispanica Lyra*, 16, 25-29.

VALENZUELA RODRÍGUEZ, Jesús Jorge (2016): *El rufián y sus modalidades: de las poesías y romances de germanías a las jácaras carcelarias quevedianas* (tesis doctoral), México, Colegio de México.

VALLS I SUBIRÀ, Oriol (1982): *La historia del papel en España*, vol. III, Barcelona, Empresa Nacional de Celulosas.

WILSON, Edward M. (1966): «Un romancero tardío y desconocido», *Nueva Revista de Filología Hispánica*, 18, 443-452.

FACSÍMIL

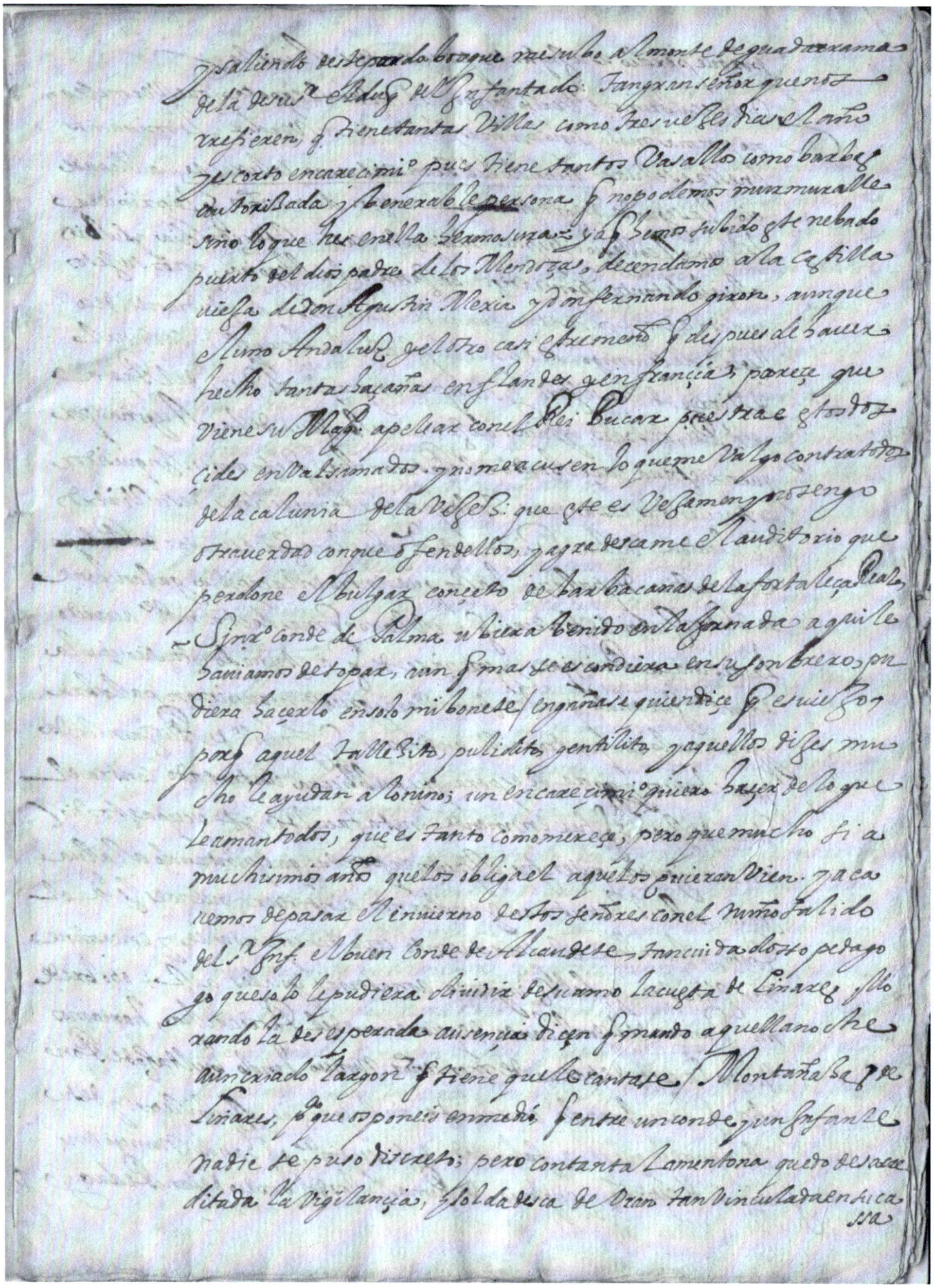

h. 2r

porque perdio a su Infante, pero nuestros el Sinela
Ya descubrimos el verdoso campo del cardenal Capata, que Vermejea,
no por mal modo sino por mas florido en su verdor. Le miramos
en estas selvas, quando el transeat a me calix iste: al vispade
cio la segunda mortificacion de sus actos que la primera
lleuo el collegio: despues resucito casi al tercero dia y subio
al cielo de santas dignidades: bastome de la Alegoria, pocos sujetos
andado pasos por tantas sendas de maestrasgo, de estudiante, de co
llegial, de canonigo, de obispo duplicado, de Arçobispo de cardenal
de Virrey, de consejero y siempre en gracia de Dios, del Papa
y del Rei, de todos, y suia; dexe que me ensanaua de la Alegoria: por
que me estaua acechando el Patriarcha que es tan bien Inquisidor
y tiene ciertas cosas mas todas por cierto merecidas de su virtud
En la uida de la Reina nuestra señora fue el mejor escritor [illegible]
eclesiastico de palacio hasta que entro en la capilla galanbone
se de don Juan de Fonseca, que es el varon grauissima docta mente recorrido
la doctrina a Principe y precuase de que a estudiado su ciencia la
tamente Jurando que los sumilleres griegos no supieron palabra
y prueualo con quatro mill autores que Fran.co de Rioja no lo son
por clasicos y agora se espera que publicara un tratado contra el
Dean de Jaen. que fue eminente en esta facultad y se ocupa todo dia
en averiguar quien fue el primer poeta que pintando al alua
corrio al sol la cortina, y en darnos a entender que no es que la el
Poeta, alumbre el spiritu santo cosa tan importante y encamine
tan Ilustre y feliz ingenio a materias iguales a el; o pobre de
mi que antes del sermon de quaresma del Patriarcha, hauiamos
de uer la casa de pascua de monseñor Nuncio siendo bulta de Pon
tifice que bas embiando con su misa indulgencias y Jubileos: y este
Salud parece que se a fabricado toda su persona, el sido nuncio en
gracia de Hespaña, y en gloria de Roma; y los del barrio de san Pedro y

h. 2v

Los de Andujar de Madrid se quedan con una imagen suia p.a sacalla
en prozesion quando benga un mas señor desagradable
temiendo la ira de los seglares, ni entre en la Iglesia y agora
con miedo de los prestes me salgo a los legos, y bien pudieran entrar
aqui algunos lizenziados: La camara del Rei solia presumir de
literata pero despues que falto el Principe de esquilache no ay
ninguno theologo aunque el Marques de castel Rodrigo me ase
guran q. es afizionado, y en ser amigo de libros ya tiene entendimi:
y credito en ser hijo de su padre y alanando en lo Portugues
(como a fraile) que no lo pareze yo creehi q. era capellan, que no
Atopado m.a es a nombre q. de Bille saldra consumadissimo en
theulogia de la casa de su cuñado el duq. de Alcala, que viendo
que sus Abuelos han hecho illustres edifizios en esta ziudad, el
de la sangre, el de la cueba, y su hermosa casa quiere el fundar
un hospital de theologos, y haga una capilla a la imagen de
la soledad=

el Almirante sabe lo q. le agradecera su agüelo el Rei d. Alo
que les bolbiera y grand.a un poquito bien engrandeziendo sue la gente
entendido le hallo. testigos la acogida a los que lo son, q. no es ino
rante quien fauoreze a los sabios=

(Del Conde de santisteban prosigue el Reino de Jaen cuentan q.
se puso en Mar. en orazion p.a q. el zielo le previniese de milagro
su tierra en el hospedaje de su Mag.d y ansi le acudio con tanta
abundanzia de bastimentos por los caminos q. pareze que le
llouia dios tiendas como hizo, tubo el lugar luzidissimo y la
casa adornada con gran lustre y a su Mag.d hizo un copioso pres.te
de capones, pabos, terneras, jaualies y Regidores de Jaen, Ubeda
y Baeza=

Tambien refieren q. el Marques del Carpio luego que supo la
Jornada de la Andaluzia se congoxo de lo terrible del ynvierno

h. 3r

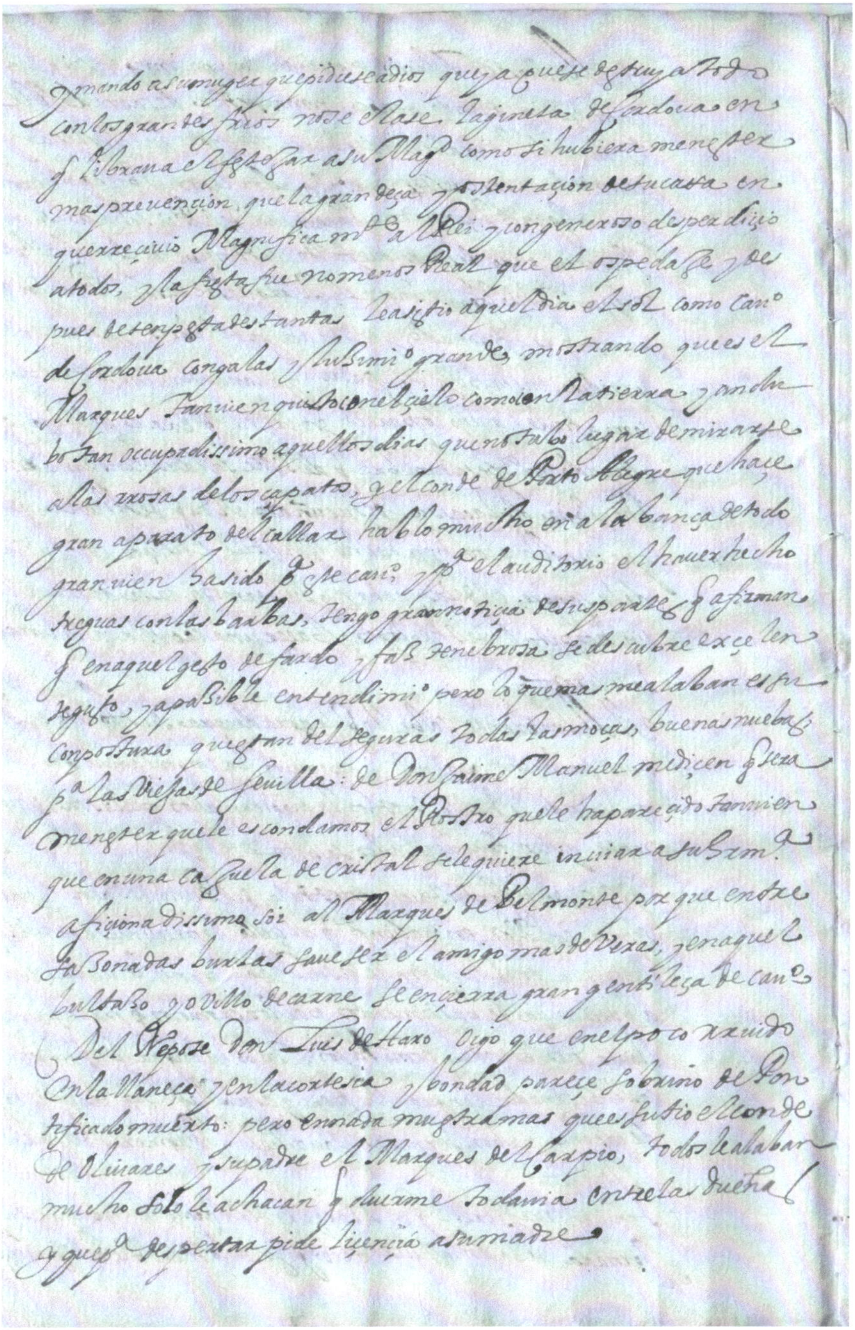
Tomando a su muger que pidiese a dios que ya que se detuvya a todo
con los grandes frios no se dexase la ginete de Cordova en
q. librara el festejar a su Mag.d como si hubiera menester
mas prevencion que la grandeça y ostentacion destacava en
que executo Magnifica m.te al Rei y con generoso despedicio
a todos, y la fiesta fue no menos Real que el ospedaje y de
pues de tempestades tantas le asistio aquel dia el sol como cav.o
de Cordova con galas y Sublimi.o grande, mostrando que es el
Marques tambien quisto con el cielo como con la tierra y an de
bo tan occupadissimo aquellos dias que no tubo lugar de mirarse
a las rosas de los çapatos, y el conde de Porto Alegre que hace
gran aparato del callar hablo mucho en alabança de todo
gran vien sabido q. es de cav.o y p.a el auditorio el haver hecho
treguas con las barbas, tengo gran noticia de su parte q. afirman
q. en aquel gesto de fardo y faz tenebrosa se descubre excelen
te gusto, y apasible entendimi.o pero lo que mas me alaban es su
compostura que tan del seguras todas las moças, buenas nuebas
p.a las viejas de Sevilla: de Don Jaime Manuel me dicen q. sera
menester que le escondamos el Rostro que le ha parecido tambien
que en una caxuela de cristal se le quiere inviar a su Ex.ma
aficionadissima soi al Marques de Belmonte porque entre
las sonadas burlas sabe ser el amigo mas de veras, y en aquel
bulto bajo y ovillo de carne se encierra gran gentileza de cav.o
Del Neposte Don Luis de Haro digo que en el poco [illegible]
en la llaneça y en la cortesia y bondad parece sobrino de Don
[illegible]tificado muerto: pero en nada muestra mas que es sobrino el Conde
de Olivares y su padre el Marques del Carpio, todos le alaban
mucho solo le achacan q. duerme todavia entre las dueñas
y que p.a despertar pide licencia a su madre.

h. 3v

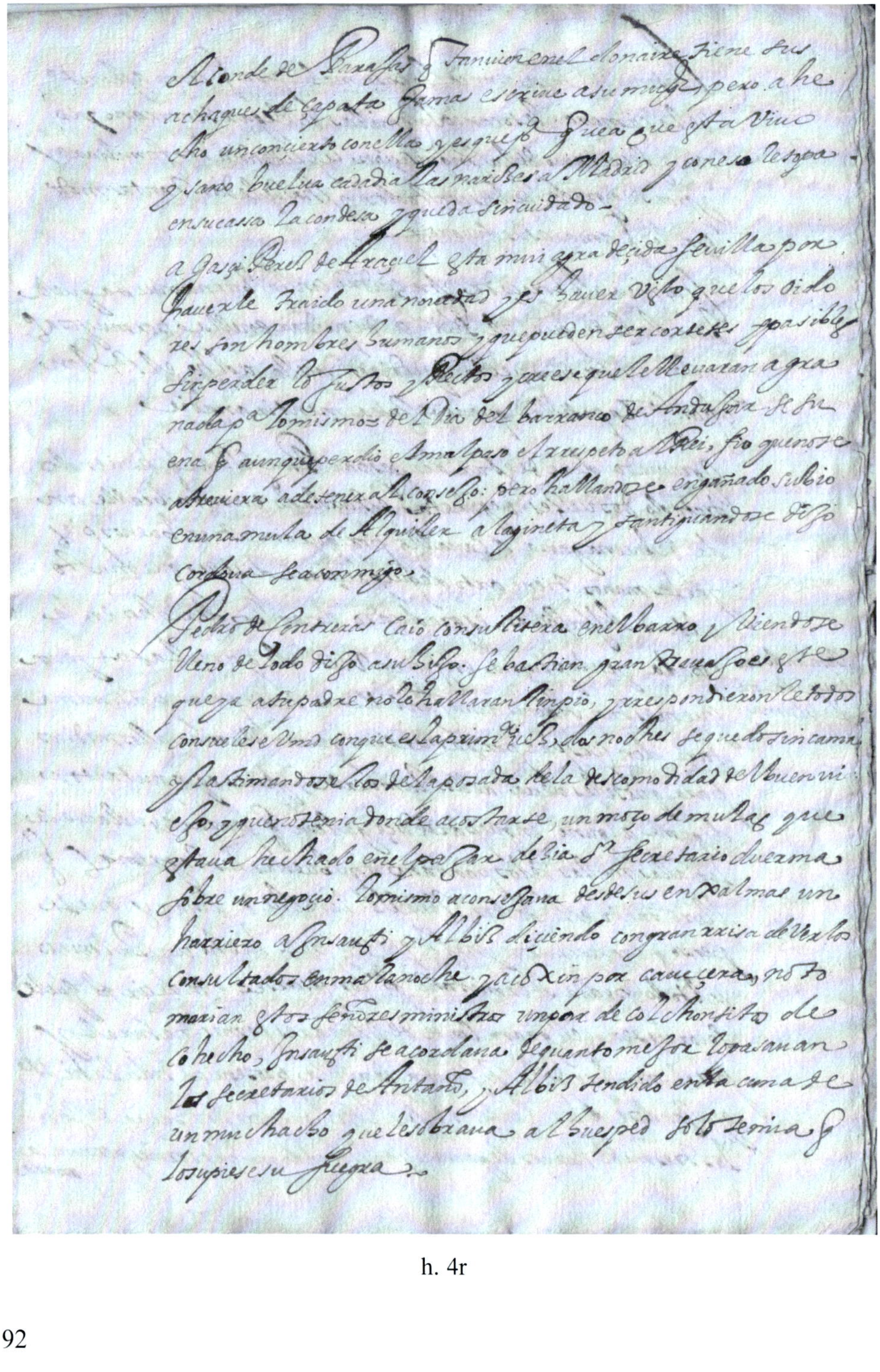

h. 4r

Antonio de Tosa nunca lo pasa mal por q como secret.°
de la camara le tocan Remilas de llegar temprano y co
mo secretario de la Inquisición le pretenden los familiares
y por su agrado le buscan todos y habla de dios santas mas
por lo q ama a sus suegros

Esta mui alborozada esta ciudad con la buena nueba q le
han dado de que el Rei a de quedar en ella por muyos as
y dan autor muy cierto q dicen q lo a dho el s.r Don
Fran.co Zapatilla q no sabe a mentir a nadie

Agraviado deve estar don gaspar Bonifaz de q haviendo
tratado dos veces de ginete a estado en nombralle an
da de buena gana a cavallo por que ansi trae buenos pies
y de las manos tiene arto de q exercitarse despues que mato
al toro Alfonsillo, es graduado en ambos derechos en la
espada y en la pluma en fin un verso de garcilaso + jamn
que no es san Adonis con Santillana sorea peor. por ser mema
tre don gaspar por esta mentira quiero llamar a los medicos
para que se les de ua a ellos la muerte y pues ay aqui tantos
digame alguno en que parte dice galeno q para ayudar a sa
lir a las mulas de los pantanos son buenas las lagrimas q
lloro tanto el Doctor Nuñez la noche de Linares que se
penso q era remedio y no flaqueza, pues hecho un Bartolinos
del todo pedia Hermitaño p.a confesarse q es decir p.a que le
socorriesen, el gran conde de Olivares es mui natural y
por el nombre de la Infanta familla prosegia toda la hist.a
quexandose de los Carlotos de sus hijos que por ellos havia dexado
los tres mill hazes de ganancia: tocando muchas ormis por una ca
mara

h. 4v

Polanco callaua creiendo que no podian quexarse los modernos, y el moço de coche que se estaua de frio andando
a buscar lumbre en medio de la escuridad le vio lo encendido del rostro y se puso en el unos leños y sufriole el Doctor
porque hauia tenido razon. y Serna como protomedico man-
daua que fuesen a toda la comarca a buscar ciruxanos que
tirasen el coche de los Doctores de su Mag[esta]d y [illegible] Ma-
[illegible] probando que era mas noble tirarle,
porque Cornelio Çelso Illustre Romano escriuio mas de ciru-
gia que de mediçina y queria salir a poner unos parches
a las mulas que corroborasen el cutis y luego tirarian.
y al cochero daua [illegible] diciendo que si se ubiesen de buscar
bestias fuesen a los que se curan y no a los medicos
y Alonso Gutierrez el diamantier de la casa de Borgoña
andando a pie pedia socorro para que le metiesen en un coche
alegando que entraua en el aposento del Conde y del
Rei a todas las horas y caminando por entre aquellos lodasales se metio en un barranco hasta los hoçicos
y un [illegible] le preguntaua Señor Grimaldo bien hondo?
pues las ayudas de cam[ar]a tan bien y el Baron de [illegible]
ted quedandose hasta el dia en el campo, y Calero por la
mañana pedia la mala noche en dinero, el capitan
Luis en Vino. Matias en sueño, y Marban queria desalojar aun peñasco que estaua cerca diciendo que el
era mas antiguo. y Don Thomas andaba a pleito

h. 5r

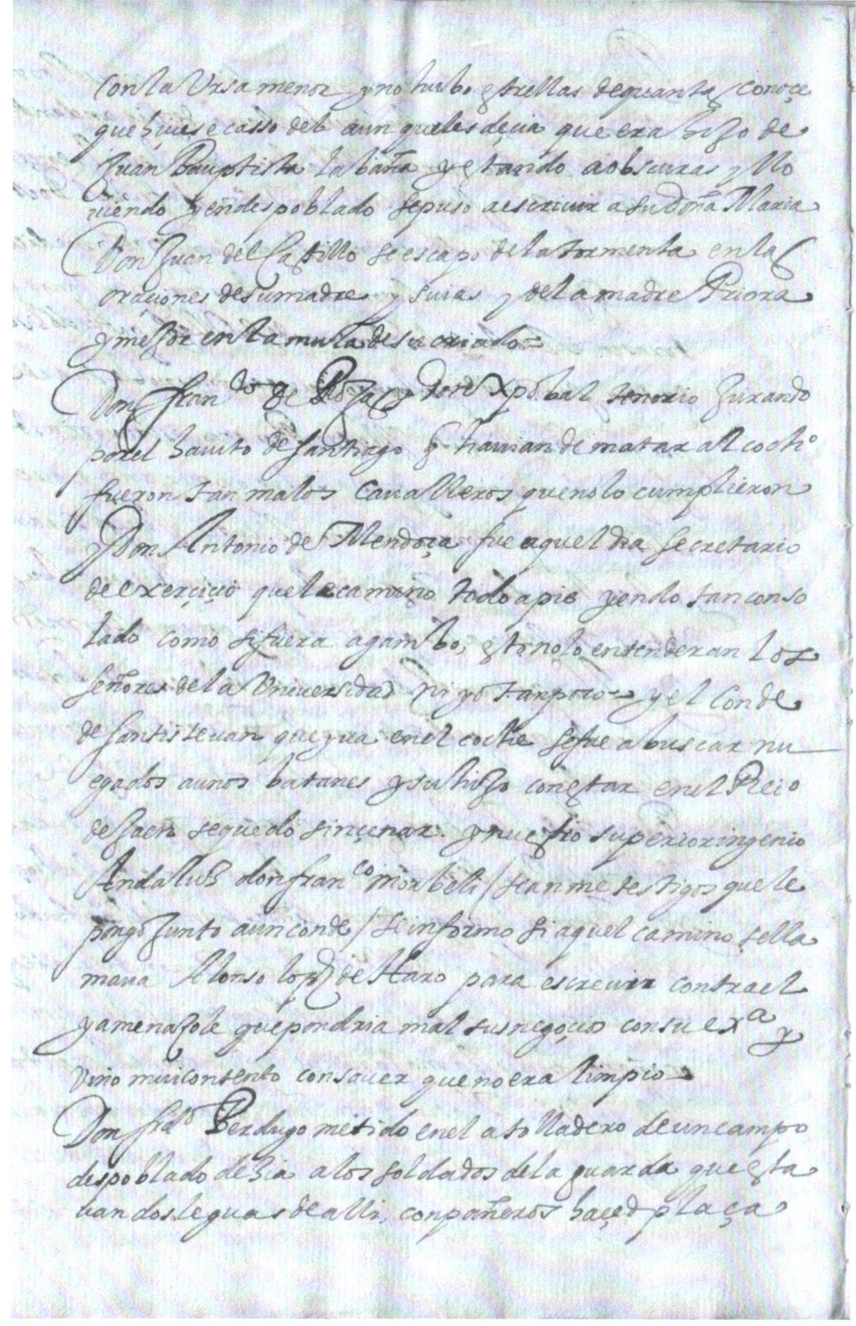

con la Ursa menor y no hubo estrellas de quantas conoce
que si uiese caido de el aun quales de cia que era hijo de
Juan Baptista la baña y estando a obscuras y llo
uiendo y en despoblado se puso a escriuir a su doña Maria
Don Juan del Castillo se escapo de la tormenta en las
oraciones de su madre y suias y de la madre Priora
q mejor en la muerta de su cuñado
Don Fran.co de Rozas don Xpobal Tenorio Guixardo
por el Sancto de Santiago q hauian de matar al cochº
fueron tan malos caualleros que no lo cumplieron
Don Antonio de Mendoza fue aquel dia secretario
de exercito que le camino todo a pie yendo tan conso
lado como si fuera a gambo, q si no lo entendieran los
señores de la Uniuersidad ni yo tampoco y el Conde
de Santistevan que yua en el coche se fue a buscar nu
egados a unos batanes q su hijo contar en el Recio
de Jaen segue dolo sin cenar y muestro superior ingenio
Andaluz don Fran.co Morbeli sean me testigos que le
pongo junto a mi conde si informo si aquel camino se lla
mana Alonso Lopez de Haro para escreuir contra el
y amenazole que pondria mal su negocio con su ex.a y
vino muii contento con saber que no era limpio
Don Fr.co Verdugo metido en el atolladero de un campo
despoblado dezia a los soldados de la guarda que esta
uan dos leguas de alli, compañeros hazed plaza

h. 5v

y respondian sus moços ni esta fuera saçer camino, era
obscurissima la noche y el cochero queria pasar adel de
los criados temian que los despeñase porque no se via
ni en el cielo y el cochero gritava todo a Christo que haçe
una luna como a medio dia y era estava viendo la calua
de don fernando Don Gaspar de Bebes se salio de su
coche y tomo un rosario y corriendo iva preguntando
a los hombres y a los arboles si avia cerrado el Almirante
y llego al pueblo a las dos de la noche y con tal hambre
que mando que le pusiesen a asar un par de alxemillas
para comerselas, y no digo como bebos, y no hallando al
mohadas en que acostarse le dixo un criado que se cor
tase algo de las que dellas estas infundarian, y creese
no lo entendio pues lo dexo vino quiero apearme destas
alxemillas y subir en las mulas desta Universidad
que en la navegacion destos sujetos a de topar V. M.
mayores baxios que en su jornada. No tan solo a V. M.
en ese servir sus partes porque no los conoce y es la mejor
consulta para ellos

R. Todos graduandos son muy pobrissimos solo en la sangre,
y pues con la Real provision de V. Alteza habe Sevilla obras
tan piadosas y necessarias que la carcel suelta sus presos
y el cav° ata sus veinte y quatros. esta Universidad a que
rido dar de barato y de limosna estos grados que son tan po
bres

h. 6r

de estudios los que los rrequieren, que ha sido obra de gran
charidad rremediar todos los huerfanos de letras: que si
en la Iglesia militante se pusiesen cada año algunos a guarecer
plaças de bidores, no se hallarian en el mundo personas
mas necesitadas desta misericordia, sino es que este colle
gio quisiese acomodar algunos de sus doctisi
mos varones en proveniencia una mala colacion. grandes
sujetos encierra, aun en vexamen no pueden negallo
que V. M. los ha hecho famosos los tendra, premiando
los que ay tan contentos de nellos contantos a fuerça de glo
riosos trabaxos que van mereciendo el acuerdo y fauor
de V. Mg.^d

El Sr. Rector (que aun delante del Rei pretenden
los licenciados que se a de llamar así) baron insigne
por cierto en virtudes y letras, anda con buenas esperan
ças de ser Alcalde porque tiene gesto de sabido, sem
blante a pedo, y cara de hacer pesadumbre. los demas
collegas no menos sufficientes, ni merecedores de ocupar
los maiores puestos, en verdad que los trabaxan bien y
que studian perfectam.te las ceremonias del collegio, y en
onçe años de collegiales harto les cuesta el no saver nada
Graçia que vea V. M. quanto ignoran en todo, yo me
staua alla en Marchena como en Coimbra, y me han
llamado y escogido por el mas salado (qual seran los otros)
para entretener a V. Mg.^d (que ya se save si lo acertaran)
es mi nombre el Doctor Fontanilla (a quien caso lo saya)

h. 6v

he sido collegial treze años y se tan poco que es lastima q
no sea Canonigo = Tarde se ba haziendo y me quedan todos
los Maestros y Doctores y con su p^a de pichallos de prieto
quiero meter mano a los medicos pero agrauiaranse las de
mas facultades sino los nombro primero porq esta es la
mas trasera: yo aconsejara a estos señores que no diesen
de merendar a su Mag^d cosas dulçes que son ya mui meca
nicas sino platos de buena sazon, un pastelon de teologos
una pepitoria de letrados (aunq no tiene en pies ni cabeça
disparatorio) una empanada de artistas, y un gigote de me
dicos, que si a ni se gastaran todos no ubiera p^a la salud na
de guisados = ya imagino questos a los lugados sugetos
deste claustro porque no he hecho un elogio a cada uno
que todos sin duda lo mereçen, pero si de ser neçio (q ya
no es diligençia) se base todavia pretençion, vs^s mandan
informen de si a su Mag^d que a nadie deueran maiores
neçedades q a si mismos =

Señor Tan pesado abra sido para V. Mg^d este Vexa
men como para sus criados el camino, ellos templaron
su dolor en la salud de V. Mg^d y los ojos que le mereçieron
ver se ponderan en pas con todos los sentidos, cuentese
dos veçes por piedad de V. Mg^d esta jornada, la priesa
por nosotros, y la desençion por ellos y el haçerla por todos
q en la importançia de su s^{to} no se perdera asi =

h. 7r

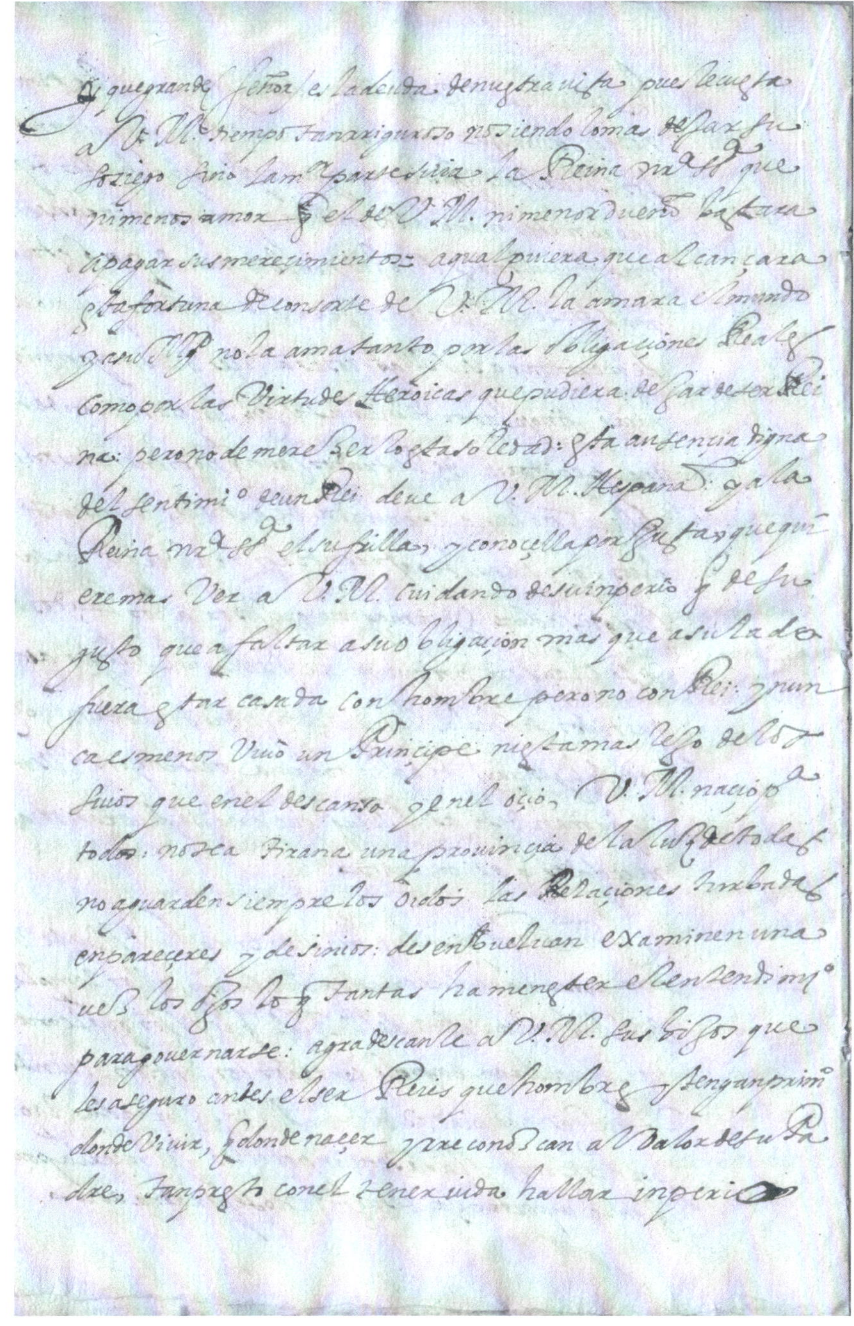

h. 7v

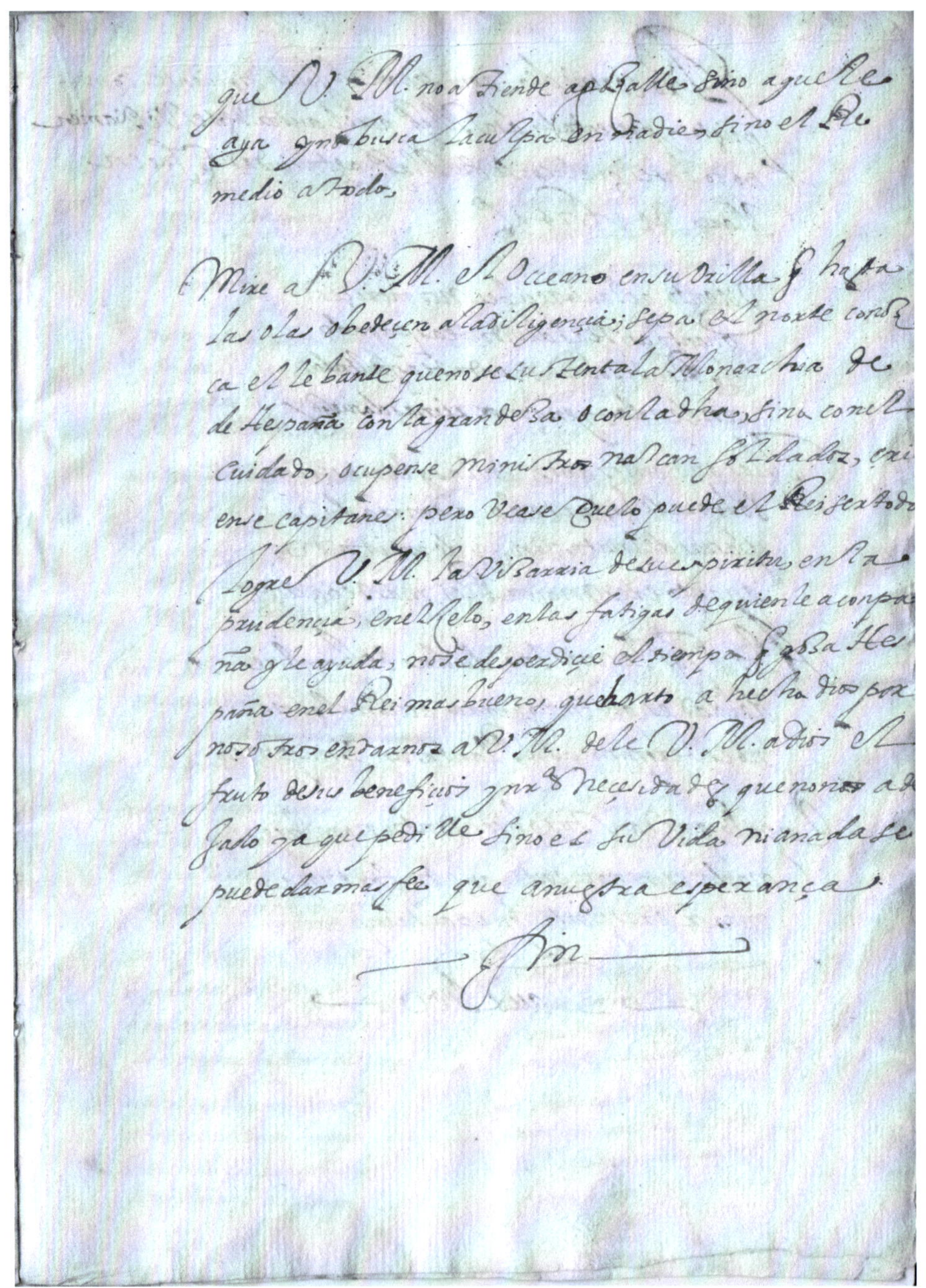

que V. M. no atiende a [illegible] sino aquel que
aya quien busca la culpa en nadie, sino el Remedio a todo.

Mire a V. M. el Occeano en su orilla q hasta
las olas obedeçen a la diligençia; sepa el norte conozca el levante que no se sustenta la Monarchia de
de España con la grandeza o con la dicha, sino con el
cuidado, ocupense ministros, nascan soldados, cri-
ense capitanes: pero vease que lo puede el Rei ser todo
logre V. M. la [illegible] de su espiritu en la
prudençia, en el zelo, en las fatigas de quien le acompaña q le ayuda, no se desperdiçie el tiempo q [illegible] España en el Rei mas bueno que [illegible] a hecho dios por
nosotros en [illegible] a V. M. dele V. M. a dios el
fruto de su beneficio [illegible] necesidad que no nos a dejado ya que pedille sino el su vida ni a nada se
puede dar mas fee que a nuestra esperança.

Fin

h. 8r

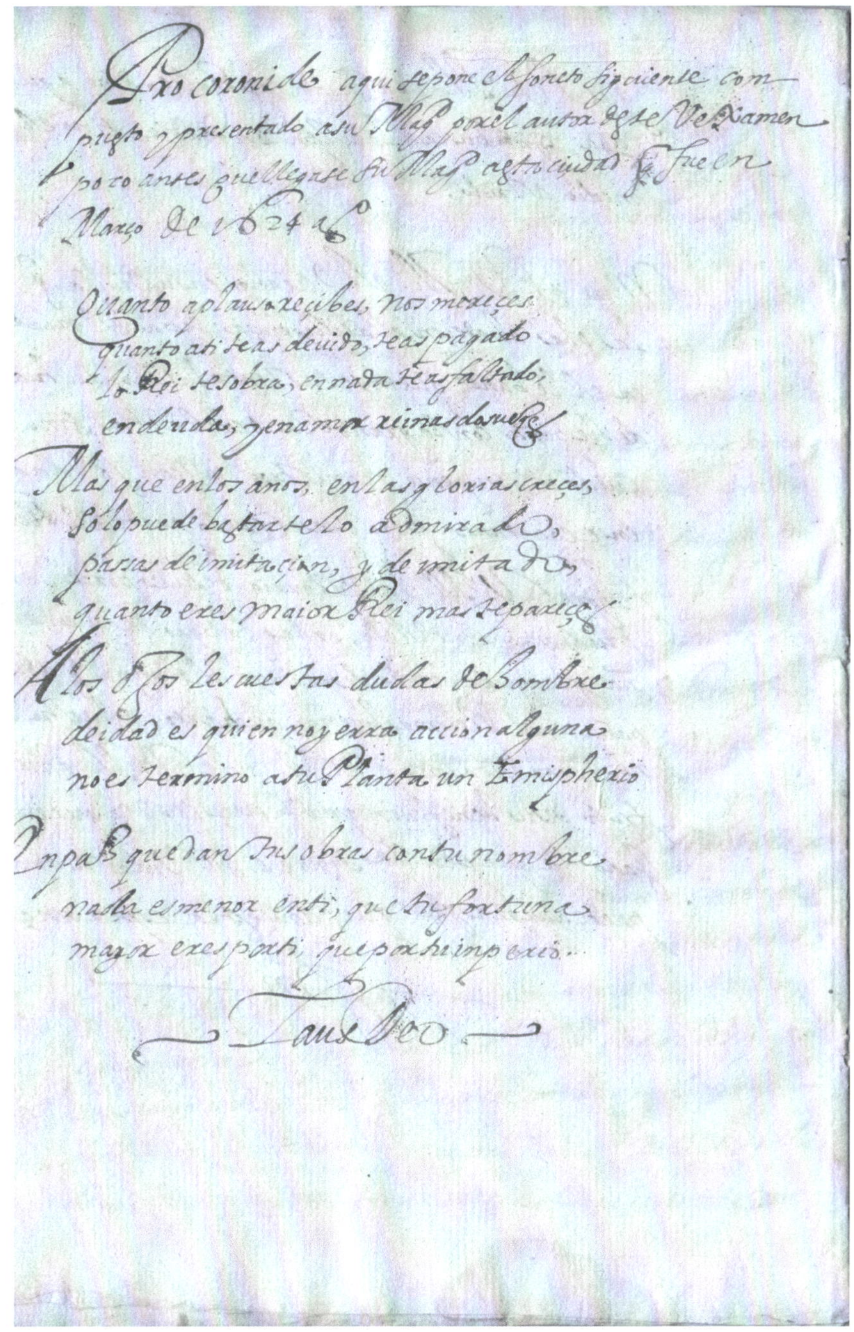

Pro coronide aqui se pone el soneto siguiente compuesto y presentado a su Mag. por el autor deste Vexamen
poco antes que llegase Su Mag. a esta ciudad q fue en
Março de 1624 as.

Quanto aplauso recibes, nos mereces
quanto a ti te as devido, te as pagado
lo Rei te sobra, en nada te as faltado;
en deuda, y en amor reinas dos veçes

Mas que en los años, en las glorias creçes,
solo pude bastartelo admirado,
passas de imitaçion, y de imitado,
quanto eres maior Rei mas te pareçes

A los Dios les cuestas dudas de hombre
deidad es quien no yerra accion alguna
no es termino a tu planta un Emispherio

En paz quedan tus obras con tu nombre
nada es menor en ti, que tu fortuna
mayor eres por ti, que por tu imperio.

Laus Deo

h. 8v

Romance a la Manfla
de Don Fran.co de Quebedo

Añasco el de Talauera
aquel hidalgo postiço
y en los caminos de noche
demandador de si mismo

Quien no tubo cosa suia
sin ser liberal ni rrico
hallador de lo guardado
santiguador de bolsillo

~~quien no tubo cosa suia~~

el que en Medina del Campo
hiço de beuir al vino
sastre de acemblas y arrobas
ropero de blanco y tinto

Con el cuello en el sonbrero
con la espada el capotillo
lençuelo por guarda sol ~~[illegible]~~
a la brida en el camino

Pordaga baca la marca
puñal de la sed bruñido
desmallador de los quesos
pasador de los choriços

quando el dios calentador
barbarroja de epiçiclos
y en la contera del mundo
se hesta haçiendo morzesino

Despues de soplar un canto
p.a sentarse mas linpio
auiendo con el pañuelo
deshollinado el oçico

desabotonando un trago
a la par con el bestido
a puras calabaçadas
se descalabró el gallillo

y buelto sopa de gallo
los ojos como dormidos
y acostados en el sabo
y a ballesteros y abiscos

Viendo serrada la Manfla
Conde la raña el postigo
el patio lleno de yerua
enbejeçido le diço

O meson de la ofensa
o paradero de viçio
en el mundo de la carne
y el diablo baratillo

que se bio santo el padre
de solo apuntados bisos
donde fue pecar a bulto
si mas façil menos rrico

Adonde los quatro quartos
han sido por muchos siglos
ahorro de interçesiones
atajo de laberintos

Donti trataua el dinero
como quien es al delito
baliendo unas bubas m.o
q una libra de pepinos

h. 9r

Yo conoci la Chillona
en aquel aposentillo
mas tomada q[ue] tanaco
mas tomona q[ue] ministro

Quien vio la mal desollada
rodeada de lanpiños
cobrar el maravedi
despues de los dos quartillos

La Chaves dios la de gloria
me parece que la miro
pasar parches por lunares
y gomas por capullido

Arrepentida de todos
laraña fue en aquel sitio
figon de platos exquisado
guardian de los onbligos

Donde ira tanto calcillas
pecadores de inproviso
falo de parte de cartas
con pravan los parasismos

Los bribones de la culpa
que acudian los domingos
a la sopa del demonio
bordoneros de entresijos

Los deseos supitaños
del colerico apetito
adonde iran q[ue] no aguarden
el melindre del marido

Sin prologo de criados
q[ue] baxen los mal bestidos
ni dueña pidio aguinaldo
ni escudero vendio su [illegible]

Costava el arrepentirse
vellon y no vellocino
hizo el infierno varato
los diablos fueron amigos

Era el pecado mortal
entidad de lindo capricho
pues por qualquiera cascajo
nos de[illegible] meter ripio

La esperança quito el juego
los celos quitava el sitio
poco dinero la paga
el entre mucho martirio

Pecados de poca en porra
ya se acabaron contigo
y no siendo mas son
mas caros y mas prolijos

Aqui fue Troia del Diablo
aqui Cartago de esuizaros
aqui cayo en un barranco
el genero femenino

Levantose de tres nesses
y mal despierto de cinco
llevando el vino mui mal
pego mosquitos al Rio

h. 9v